人〈財〉こそが、地域の礎

地銀と公立大　連携講座成功の軌跡

清水銀行・静岡県立大学　編

静岡新聞社

人〈財〉こそが、地域の礎

地銀と公立大　連携講座成功の軌跡

装丁　塚田雄太

はじめに

清水銀行代表取締役頭取　岩山靖宏

この本を手に取ってくださり、ありがとうございます。

２００５年より清水銀行が静岡県立大学様で開講している「地域金融論」は、今年で16年目を迎えました。将来地域の発展を担う学生が多く通う地元の大学で長く講座を続けられていることを、とても光栄に思います。

本講座は、静岡県立大学様のご尽力あってこそ続けることができています。16年間本講座を受け持たせていただいている静岡県立大学様に心より感謝するとともに学長の鬼頭宏様から書籍化のご提案をいただくほどご評価を賜り、大変ありがたく感じております。

また、本講座のきっかけとなり、16年間サポートしてくださっている准教授の森勇治様には、改めて感謝申し上げます。

本講座は、２００５年に静岡県立大学様からお話をいただき、当時常務取締役だった現代表取締役会長豊島勝一郎が即断したことに端を発しています。

それから16年、世の中ではさまざまなことが起こりました。社会情勢や経済環境が絶え間なく変わってゆくなかで本講座もその時々の世相に応じて少なからず変化してまいりましたが、「大学で学ぶ会計学が実利社会でどう役に立っているのか」、「学生の皆さまに一足先に社会を覗き見ていただく」というテーマをお伝えする目的は変わっておりません。

静岡県に根差す清水銀行にとって、静岡県立大学で講義を行うことは、非常に意味のあることです。静岡県では、静岡県立大学で学んだ多くの若者が、地域人財として活躍しております。学生の皆さまが本講座を通して実社会を知ることはもちろんですが、講師として登壇した行員一人ひとりの成長に結びついていることが、私はうれしくて仕方がありません。

清水銀行において、本講義の講師に選ばれることは大変な名誉です。彼らにとって大学の教壇に立つという経験は、かけがえのないもので、一生の思い出になります。

今年の４月に、豊島より頭取という重責を受け継ぎました。新型コロナウイルス感染症の拡大による影響から経済環境は依然厳しい状況にあり、地域の皆さまにおかれましても大変なご苦労をされていることと案じております。地域金融機関として、地域経済を支え、発展させていく使命を全うするとともに、豊島が本講座にかけてきた情熱、人財に対する熱意、そしてこの地元静岡に対する愛情を引き継いでまいります。

最後になりますが、本書の編集をご担当いただきました庄田達哉様を含む静岡新聞社の皆さまに心より御礼を申し上げます。

2020年9月吉日

人〈財〉こそが、地域の礎　目次

第二章　最近の世の中の動きと銀行の取り組み　２０１９年度講座 より

第一章

15年続く「地域金融論」

2005年10月、静岡県立大学は清水銀行との連携により「地域金融論」を開講した。ビジネスの最前線に立つ行員と経営陣が教壇に立ち、就活を目前にした3年生を対象に15回の講義を行っている。2020年に開講16年目となるこの講座が、なぜ長く続いているのか、狙いは何かを紹介する。

対談　地域創生の担い手をどう育てるか

清水銀行代表取締役会長　豊島勝一郎
静岡県立大学学長　鬼頭宏

比類ない連携講座

豊島　今回、私たちが2005年から15年間という長きに渡って、静岡県立大学で「地域金融論」の講座を担当させていただけたことに対して、まずは光栄であると同時に、それが形になる、記録として残せるということに、深い充実感、達成感を抱いています。心からお礼申し上げます。書籍化は、鬼頭学長が発案されたとお聞きしていますが、どんなところからお考えになられたのですか？

鬼頭　この連携講座は、地域の大学と地域の銀行のコラボレーションとして、比類のないものだと思います。それを書籍という形にすれば、多くの人に知ってもらえるし、広めることもできるのではないか、と考えました。

他の大学が寄付講座を設けることもありますが、それが長く続くことはめったにありません。いくつかの企業が合同で講座を持ったり、1社の場合も、今年はこの大学、来年はこの大学、と移っていくことがほとんどです。以前勤めていた大学（上智大学）では、ある会社の地球環境学という講座を長く行っていましたが、それは企業のCSRの一環でした。県立大学で行われている講座は、それよりもっと学生に対する働きかけが強い。地域金融機関が大学教育に進んで貢献してくださっているのはとてもありがたいことです。

ですから、講義録を出版されてはいかがですか、とお声かけさせていただいた次第です。聞くところによると経営情報学部だけではなく他の学部からも聞きに来る学生がいるそうで、地域をよく知ってもらうきっかけとして大事な機会になっていると感じます。

豊島　そのように聞いています。「人財こそが、地域の礎」ですから、そこに関わることは、地方銀行の使命です。連携講座が全国に広がれば、地方創生にもつながります。書籍化の話をいただいて、うれしく思いました。ありがとうございます。

ところで15年の間には、リーマンショック、東日本大震災など、大きな出来事がありました。

今、新型コロナウイルスで大きな影響を受けているのを見ると、ある種のハードルともいえるアクセントを超えなければならない局面で、これまで歴史的に人類史は常に大きな叡智《えいち》を働かせ、科学の進歩によって克服してきたように思います。

鬼頭　そうですね。近代社会では科学技術によって課題を乗り越えてきた歴史があります。ただ、それだけではうまくいかないことも多く、開発が間に合わなかったり、弊害がどこかで出てくる。それらを緩和するのが人間の知恵。今の場合、ソーシャルディスタンスなども知恵の一つでしょう。

豊島　制約、あるいは制止する場合、倫理的・道徳的な教育も充実させることで、我を通すのではなく、少しずつみんなで協力しようというところに、日本でいう「和」を尊ぶという場面も多いですね。

鬼頭　私たちの世代は感染症から解放された世代でした。それでも夏休みに入る頃には学校で必ず、川で泳ぐなとか、自転車の後ろに箱を積んで売っているようなアイスキャンディーは赤痢になる、と注意されたものでした。

豊島　そうでしたね。

鬼頭　私が生まれた年の日本人の平均寿命は、男女ともに50年。結核をはじめ、古典的な伝染病は少なくありませんでした。ところがそういうものが払拭され、今は薬やワクチン、栄養など改善が積み重ねられ、ここまで寿命が延びています。そうした医学の恩恵を被っているから、今回も期待はしていますが、ただ、急には間に合わないでしょうね。

豊島　生き方の問題も大きいでしょうね。今や、人生100年と提唱されていますが、一方で、経済ビジネスの中で生きていると、どう共生活動をしていくかによって、価値観、人生観が変わるのだろうと感じます。社会現象、生理学的な要素も含めて、人生とは何かを考えさせられますし、若いエネルギーが長い人生の中で働くのであれば、その期間をより充実したものにしてほしい。いい経験と充実した幸福感のようなものを味わってほしいですね。

鬼頭　今までのやり方では成り立たなくなっている部分もありますね。私たちが今までの経験だけで教えていけるか、導いていけるか、常に考えなければならない。

コロナで時代が変わる

豊島　コロナ時代、そしてアフターコロナ時代には、パラダイムシフト、価値観や考え方を変えていかねばならないでしょう。

コロナの前にもいわれていた働き方改革が、いみじくもコロナで加速します。

私たちも日々勉強が必要です。インターネットを使ったITによって就労するにはどうしたらいいか、経済同友会などで実験的に開催した勉強会を受講したことがあるのですが、最初に言われたのが「あらゆる業種・企業のトップがイメージを変えないと駄目だ」ということでした。

　テレワークなど、働き方改革は待ったなしですが、それを進めるには、成果物評価の手法が一番難しい。早くこの研究に手をつけないと、日本はグローバルスタンダードについていけません。

　驚いたのは、ロンドンオリンピックの頃にはすでにイギリスはその課題に挑戦していて、ずいぶん進んでいることでした。

鬼頭　実は東京オリンピック２０２０も、ずいぶん前に環境省がＳＤＧｓ（持続可能な開発目標）、環境に配慮した大会にしようと指針を出しているのです。それを受けて昨年（２０１９年）、都市の環境問題を中心に、これからどういう都市を作っていったらいいのか、をめぐって社会人講座を担当しました。ただ、最初の頃こそ、環境重視を打ち出してはいましたが、次第に熱中症対策などに、話が矮小化してしまった印象があります。コロナの影響で延期になったことで、初心に立ち返った、というところかもしれません。

豊島　そういえば、開催時期に混雑を解消するために道路状況を変える話が出たり、猛暑を避けてマラソンの競技地を変えたりしましたね。いろんな研究が進んでいる過程だったのでしょう。

地方圏の豊かさとは?

鬼頭　私は東京で35年間、毎日往復3時間かけて通勤しました。新聞を読んだり、本を読んだりする時間として有益でしたが、人間性や体力の問題、今のような感染症の問題などと結びつけて考えると、とても怖いことです。全国知事会でも、多極分散型の国土を作れとの提言がありましたが、ようやくそのことが身にしみて感じられるようになったのではないでしょうか。

豊島　私の自宅は東海道線の駅から徒歩15~20分の、とても環境がいいところにあります。裏手から5分も歩くと小川があり、今年もホタルが飛ぶ。それでいて東京へも1時間ちょっとで午前中の会議にも間に合う、30年以上そういう生活をしています。非常に恵まれたビジネスライフでした。もっとも、私がエネルギーを注いだ原点は、東京一極集中への対抗でした。もともと、就職をする段階で東京に残るか、Uターンするのか、その選択から始まりました。当然、多くの同級生は東京で活躍していて、就職して間もなくの頃は、刺激が多い東京へ出たがったりもしましたが、落ち着いて仕事が始まってみると、どう考えてもこちらの生活の方が余裕があり、豊かだと思うようになった。それを多くの学生たちにも訴え、伝えていきたいというのが、私の仕事をする上での大きなテーマでした。東京はかっこいいかもしれないけれど、季節の変化を日常の中で感じながら、全国の中でもたぐいまれなる恵まれた環境で仕事ができたと実感しています。

鬼頭　私が静岡県立大学に来て6年、2期目になります。父が職業軍人で三島の連隊にいましたが、軍が解散になった後、東京で建築業を始めました。私は、生まれは静岡の長泉町ですが、年を取ってから戻ってきたわけです。東部なので熱海から沼津、伊豆の付け根の部分しか知らないのですが、今こうして静岡で仕事をして6年経ってみると、自分の性格は私の責任というよりは、静岡の県民性を受け継いだのかとあらためて思うことがあります。いい面がある一方で、都合の悪いときには「これは土地のＤＮＡだ」と切り抜けることもあるのです。

私は人口の研究をやっていて、国土審議会の委員を務めたことがあります。ちょうど旧来の国土総合開発法が国土形成計画法に切り替わった頃で、従来型の開発を止めて、新しい法律に基づいた計画を立てようとしていました。その中で、ライフスタイル小委員会の委員長だったのですが、そこで議論したのは、開発よりも、どれだけいい暮らしができるかというところに重点を置きたい、ということ。その頃はまだ全国人口が減少していない段階で、地方創生、地方消滅という言葉もありませんでしたが、今でいう関係人口を、どうやって地方の中でどう作っていくか、ということが議題でした。
しばしば提唱されたのは、しょっちゅう行き来する関係人口の増加でした。二地域居住
——週末には地方の別荘で暮らしたり、ホテルに泊まったり、都心との間を行き来する、
そんなスタイルがいいのでは、と議論されたものでしたが、今、コロナ時代にはそれがか

豊島　勝一郎

1957年静岡市清水区由比生まれ。早稲田大学商学部卒。経営企画部長、総合統括部長などを経て、2003年取締役富士支店長。2005年常務取締役、2007年専務取締役、2010年代表取締役専務、2011年代表取締役副頭取、2012年4月から2020年3月まで代表取締役頭取。同年4月より代表取締役会長

なり具体的になってきたように思います。地方圏に住むことの良さ、あるいは人間関係。大都市に生涯暮らすことについて、空間との関係性が見直されようとしていますが、それを考え直すきっかけになったのがコロナだったと言えます。

豊島　時代の変遷の中で、人それぞれが人生観をもって働き方を選択できる環境になり得るかなという思いがしています。先生のお話の通り、今後社会は、経済中心から大きく舵を切っていくのではないでしょうか。

人口とＳＤＧｓの関連

鬼頭　私のことを２つお話ししたいと思います。１つはＳＤＧｓ。持続可能な開発目標に向けて、県立大学も取り組みを始めました。昨年11月に宣言を出し、今年４月から本格的に始動。このような考えをもとに、地域をどのように作っていくか、学生にもぜひ考えてほしいと思っています。時代の変革期にありますが、グローバルな課題を日本の中でどう実現するか、具体的な目標として変革の方向がかなりはっきり見えてきたのではないでしょうか。

私が、それらの課題が人口とも関連すると気付いたのは、オイルショックの頃です。当時は地球環境という考え方ではなく、公害という概念でした。60年代から環境汚染、とくに産業廃棄物や農薬による環境汚染が議論されていましたが、まだ世界的な問題には至っていなかったのです。私はすでに人口研究に携わるようになっていましたが、その頃は人口減少など全然問題ではなく、反対に人口増加をストップさせるにはどうすればいいかが、世界的な議題だった。人口問題と経済成長、環境問題というのが一つの流れになっていくのが70年代です。1972年に、ノーベル物理学賞を受賞したデニス・ガボールという物理学者が「成熟社会」という概念を記し「もう大きく成長させることはない」と提唱しています。おそらく、そのあたりが、今の流れの出発点です。また同年、ローマクラブが報告書で「成長の限界」を訴えています。人口増加と経済成長は続かない、というものですが、これはあくまでも資源の問題であって、環境との結びつきはあまり強くありませんでした。環境と結びついてくるのは80年頃。そういう大きな流れを経て、2000年にMDGs（ミレニアム開発目標）、15年後に今のSDGsに到達したことで、ようやく社会の中にその課題が浸透するようになりました。問題提起の時期から50年かかっています。

最近、グレタさんという少女が「大人は全然だめだ」と訴えていましたが、私はそんなことはないと信じています。人間が意識を変え、行動を変えるには時間がかかる。そのことを若い人にも理解してもらいたいし、逆に時間をかければなんとかなると、学生にも伝えたいですね。

人口と経済の密接な関係

鬼頭　次に人口の話をさせてください。私は大学で経済学部に入りましたが、お金のことはよく分かりませんでした。当時、興味を持っていたのは民俗学です。その頃は高度経済成長の真っただ中で、どんどん農村の風景や生活様式が変わっていく時代。古いものに対して、ある種のノスタルジーはあったかもしれませんが、なくなっていくものを見てみたいという気持ちが非常に強く、人の暮らしの変化について勉強しようと思っていました。そういうことができるのはどんな分野だろうと探したところ、それが経済史だったのです。そこで経済史のゼミに入りました。指導教授の速水融先生が、ちょうどその頃に「歴史人口学」、江戸時代の人口研究を手掛けていて、それが私のやりたいと思ったことに近い、かなり具体的な研究テーマでした。

人口は単に人間の頭数だけではなく、人の生き死にの問題に直接関わってくる分野です。生まれてから結婚し、子どもを持って、死ぬまでの一生を追いかけるという意味では、発想が民俗学と似ていますので、いい学問と出合ったなと感じています。もちろんお金を無視してきたわけではありません。メーンは経済学部ですから、経済史を教えなければならない、となると、どうしてもお金のことを扱わざるを得ない。そこでマーケットや商品、貨幣、価格なども勉強するようになりました。そういう観点で見ると、地方創生やSDGsといった課題に対して、財務面での裏付けはとても重要なのです。エネルギーや食糧の自給自足が理想とも言われますが、今のような、健康で長生きしましょうという時代には、科学技術が不可欠ですし、どうしても高度な技術に支えられた社会になってきます。遊びなら、そして短い期間なら、そこにあるものだけで生きていくことはできるかもしれませんが、必要なインフラや、人を雇ったり、ないものを外部から購入する場合は、完全な自給自足は不可能です。今までの、分業化し、情報化と同時に貨幣化してきた社会は、見直さなければならない部分ももちろんありますが、財務、貨幣的な側面は無視できません。

貨幣社会の形成、発展の下で　――田沼意次と渋沢栄一

豊島　都市集中、一極集中については、貨幣社会が形成されてから今まで、一定の強制でも加えない限り、世界中どの都市でもそういう傾向になっていますね。経済の成熟に伴って国土のバランス維持が難しくなると、人口の移動は必ず発生しますし、強制力をもって

遷都を繰り返さないと、生命が維持できない場合もあります。いわば、人口と経済は切っても切れない関係です。学問の追究という意味では、そのあたりは整理整頓されなければいけないないですが、先生はそういった奥の深い研究をずっと続けられてきたわけですね。

鬼頭　私の専門は主に江戸時代。江戸時代の人口について研究しています。江戸時代は、

鬼頭　宏

1947年静岡県駿東郡長泉町生まれ。慶應義塾大学経済学部卒。上智大学経済学科長、同大学地球環境研究所所長を経て、2015年より静岡県立大学学長。歴史人口学の第一人者で、「環境先進国・江戸」（吉川弘文館）、「人口から読む日本の歴史」（講談社学術文庫）など、多数の著作を持つ

一つの文明が生まれ、それが崩れていった、司馬遼太郎風に言えば、一つの文明の生期から成長、崩壊に至るまで丸ごと見せてくれる舞台と言えます。経済的な面を見てみると、最初の頃は、農民はなるべく貨幣に接しない自給自足、年貢さえ収めればよく、貨幣は必要最小限度にしようという発想でしたが、それが大きく変わるのが17世紀。貨幣やマーケットがなくてはならない世界になってきます。今、田沼意次が生まれて300年経ちますが、その頃から、農村の中に非農業的な生産活動、つまり商業、工業が活発になります。次々に変化が起き、矛盾が発生し、それを何とか押しとどめようとしたのが幕府だったのでしょう。江戸期、三大改革がありましたが、結局はどれも振り子が振り切れてしまいます。

社会が市場経済、さらに進んで資本主義へと移り、農本主義ではなく、商業や工業にも価値を見出す国家に迷いなく移っていきましたね。今度、渋沢栄一が1万円札の顔になるそうですが、彼はもとは関東の豪農の出身です。以降、徳川から明治維新以後、政府に協力し、新しい経済活動を展開していくわけですが、そこに迷いがないのは、変化に乗って強く先導した人だったからでしょう。ですから今も、この世界の中で新たなその方に向かって、誰かが引っ張ってくれる、導いてくれる、そんな部分が問われているのかもしれません。

豊島　渋沢栄一は日本の銀行制度の生みの親でもあるし、武士道を持って商売を知るという道徳を説いた人。これがないと営利主義に走ってしまうわけですね。まだ体力がない国家だったから特に尊重したのでしょうが、銀行を作り、資金を集中し、整理していく、そういう大きなイメージを持てた実業家だったと思います。今の経済活動の中にも、もう一度、渋沢栄一のような方が生まれてほしい。やはりリーダーが大事です。優秀なリーダーをどう確保していくかは、国家を形成していくのに非常に重要ですね。

鬼頭　江戸時代は、私たちが学生の頃には、保守的な時代だと思われていました。何かが起こったときには「封建的だ」という言われ方で批判されました。それがある時期を境に変わってくるのです。福沢諭吉は封建制度を親の仇でござるとまで言っていますが、実はそんなに悪いことばかりではない。そんな評価になったのが60年代中期。ライシャワーが駐日アメリカ大使に就任した頃です。当時、私は高校生で、講演を聞いたことがあるのですが、たいへんな親日家で、中世史の研究者でした。彼の論文に「日本経済の新しい見方」があるのですが、この中で、封建制度を非常に評価している。なぜかというと、1つは約束を守ること。領主に対して忠誠を尽くす。一方的な隷属ではなく、領主の側から恩恵を与えるという仕組みは、契約制度に基づいた社会形成の原理である、と彼は評価しています。これが実は、市場経済社会においても非常に大事なことで、私たちがこれまで学んできたような、資本主義は封建制度と相反する概念ではないと、ライシャワーは言っています。日本が高度経済成長を成し遂げようとしている真っただ中に来日したライシャワーは、その根底に、日本が封建制度を経験したこと、約束を守るということ、忠誠を尽くすということ、そういった契約概念が大事だと主張しています。

変化に寛容な日本人

豊島　最初に形成した徳川三代ぐらいの間に、儒学を基調とし、礼節を重んじる要素から作り上げてきたわけですが、非常にフレキシブルですね。

治安上もそれが一番安全だったのでしょうが、柔軟な制度の中で、先を読み、集団心理も計算されたのは、やはり優秀なリーダーが出たからだと感じます。260年間維持できたのは、それだけ土台がしっかりしていたのでしょう。田沼時代も昔と違って評価が高くなりましたね。

鬼頭　学生の頃に学んだ田沼意次は、賄賂を取って庶民をいじめたというような評判でしたが、ある時期からガラッと変わりましたね。賄賂を取ったのは事実かもしれませんが、それは他の武士や大名もやっている話です。

豊島　非常に大きな構想を描ける、魅力的な人だったようですね。日本人はそうやって、時代によって解釈を変えていける柔軟さがありますね。

鬼頭　そこが大事でしょうね。相対する、あるいは抑えられていた哲学、思想、原理などがあったとしても、それを認める寛容さがあり、それが日本列島の上で日本文明と言われるものが続いてきた要因でもあるのかもしれません。江戸時代は確かに最初は、農民はなるべく貨幣と接触せず、自給自足、年貢さえ納めていればいい、という時代でしたが、元禄期ぐらいにはすでに貨幣はなくてはならない社会になっていました。そうすると貨幣に対する考え方も変わってきます。

豊島　日本の大判、小判は、世界でも一番美しい貨幣の一つですね。価値を見出すものに集中できる能力を持っていますね。精密なものを作り出せる集中力、センスのよさがある。私たちが子どもの頃は「島国根性はよくない」

という教育を受けてきましたが、今考えると、島国であるがゆえに、いろいろなものを許してきた国民性があったのだと思います。

自然災害が多いこともあるかもしれません。あきらめ、立ち直っていく力。復元力の高さはずば抜けている。

鬼頭　変化を認める国民性ですね。それでいうと、今の世界的な困難においても、何とかうまくやっていけるだろうと思っています。貨幣に対する考え方も、質のいい貨幣を出さなければいけないというのは元禄期以前で、その頃にはずいぶん質の悪いものが出てきていました。それをもとに戻そうとして、新井白石が昔の貨幣に戻したのが、富士山が噴火した直後の正徳改鋳。ところが、日本の社会の面白いところなのですが、完全に貨幣数量説が効いているわけです。貨幣を元禄期に膨張させて、物価は上がったけれど、貨幣需要はあった。だから壊滅的な状態にはなっていなかったのに、それを抑え込んでしまい、貨幣数量を減らしてしまったので、結果的にデフレが起きてしまいます。正徳以降、1710年代はたいへんなデフレ時代で、その中で8代目将軍吉宗が、米将軍といわれるほど米価を上げるために買い取りの価格を上げたりしますがうまくいかない。そこに出てくるのが大岡越前守です。彼は貨幣数量説を知らなかったと思いますが、経験的に知っていたわけです。今まであった貨幣がなくなって逼迫し、交換機能を果たせない。そこで、元文の改鋳を行って、金の量の少ない貨幣を増鋳しました。そのおかげで米価はもとに戻り、田沼時代まで米一石一両ぐらいで安定した時代が続きました。

その次に行ったのが田沼意次。田沼がこの時にまず手掛けたのは明和の五匁銀という、銀貨でした。銀はもともと計って使う貨幣で、いちいち量ったり銀の粒を和紙に包んで何匁と書いて使ったりして、たいへん不便なものでした。そこで五匁という鋳造した貨幣を出してしまう。金貨と同じように計数貨幣として使えるようにしたのです。次が、1772年に行った南鐐二朱銀。良質な銀貨でありながら二朱で、これを8枚持っていくと金一両に換えられるというもので、銀貨でありながら金貨として用いられた。これは2つの意味を持っています。1つは、素材が何であっても、法定貨幣であれば流通するということ。もう1つは、金の経済圏として統一しようとしていたのではないかということ。当時、関西は銀の経済圏で、関東は金の経済圏と言われていたのですが、銀貨でありながら金貨として使うようになれるということは、そういう意味合いが想像できます。

豊島　今、経済はグローバルスタンダードで、日本も欧米流の会計学に基づいていますが、私が銀行に入ったときは、銀行法に基づいて、銀行間の手形交換制度などが非常によくできていました。江戸時代の両替商から、明治に入って渋沢栄一を中心に日本の商文化、商制度を確保していく能力の高さ。これを考えると、フレキシビリティを確保した、商業が発展しやすいようにできていたように思います。なぜ、あえて欧米流に合わせなくてはいけないのか、何のためにこんなことをするのかという疑問がたくさんあります。もちろん世界の一員だから、統一していくのでしょうが、日本は日本流に発展した制度を持っていたことを考えると、ちょっともったいない気がしますね。欧米流に従ったからといって、欧米のもの全てが成功しているわけではない。フェアとは何かを考えさせられることが今もあります。

鬼頭　私は、金融界のことは分かりませんが、グローバルスタンダードとは何か、ということについては常に考えています。世界を牛耳る国が作った制度が、その時のグローバルスタンダードなのでしょう。もっと本質的に現象をうまくとらえる方法、機能させる手法がないのかについては、議論の必要性を感じます。そういう意味で、日本はグローバルスタンダードが作りにくい社会なのかもしれません。これからの会社経営や貨幣の問題、SDGsについても、日本から新しいやり方を提案していけることは、あると思います。

豊島　ある種の反発や反骨が原点になるのかもしれませんね。

なぜ講義要請を受けたか？

鬼頭　ところで会長は16年前、本学からの講義要請を快諾してくださったんですよね。いわばこの講義の生みの親なわけですが、それは、どのようなお考えだったのですか？

豊島　私は、清水銀行という組織で人財育成に情熱を注いできました。

静岡県立大学という静岡県を代表する公立大学で講義をさせていただくことで、地域を担う人財を作るお手伝いができると考えました。

さきほどもお話ししたように、「人財こそが、地域の礎」ですから。

この講座のお話を最初にいただいた時、もちろんCSRの話もありました。当時、私は人事担当常務になったばかりで、この地で当行の名前を知っていただく、企業貢献活動をしながら、経済効果をどこに求めていったらいいかを考えていました。同時に、今、県立大学の学生さんにとって大事なものは何か、社会に出ていくときに用意しておいてほしいものは何か、そして学校の運営にも、絶対にいいもの、いい効果が生まれるものは何かについても熟考しました。三方良しの話が常に頭にはあり、そしてこれは絶対に効果が上がる、それなら全力で臨みたいと思った次第です。

私も最初の頃に講座に登壇させていただきましたが、その後、時代の中で経済事情はどんどん変わっていきました。例えば、変動金利の伴う金融商品を銀行で扱えるようになったこと。それまでは、銀行は預金を集めてそれを事業性のものに充て、資金を還流していく、いわば鞘《さや》を抜かせていただく商売と思われていました。しかし、商品形態が変わり始めたのを機に、私たちが手掛け始め、力を注いでいることを、社会に訴えていきたいという思いがありました。また、時代が変わっていく中で、金融教育、経済教育をしていかなければならないという使命感もありました。

実際、金融リテラシーの強化が、財務大臣・中央銀行総裁会議でも、取り上げられるようになっています。

産官学、そこに金、今は労も入りますが、ここで取り上げる講座は、こうしたテーマも吸収する要素になり得ると考えたのです。

もちろん地域の銀行ですから、この地で経済効果をどう生んでいくか計算しています。しかし、一番大事なのは、この地域で暮らし、営みを持っていくこと、経済的なことを受けて、文化を作っていく喜びを学生さんたちと共有したい、と訴えたかったのです。

もちろん最終的には、採用に結びついてほしいという思いがあります。私たちが1回の授業に必要なコストはどれくらいか、きちんと計算していますし、そのための準備をしています。90分の授業の準備には最低3倍ぐらいの時間をかけます。私自身もどこかで喋る場合には、発声練習も含めて準備に時間をかける。そうしないと聴講者には届かないものだということを、若い講師にはいろいろな場面で訴えています。

ゆとり教育で育った世代

鬼頭　バンカーですね。15年の間には紆余曲折もあったのではないですか？

豊島　15年の間には方向性が変わってしまったこともありました。

　毎年、半年間、講義を続けているうちにマンネリズムに陥ったと感じる時期があったのです。そこで、登壇するメンバーを集めて、私の考えを披歴しました。そこがターニングポイントだったと思います。同じ人が講師をすると、どうしてもマンネリになる。一方で講師を変えると、水準を維持するのに汲々としてしまう。それは分かるのです。しかし、変えなければいけない。そこはトップの関与です。もしこの先15、16年継続できるとしたら、続けるための見直しもポイントになると思います。これからも、マンネリズムとの葛藤はあるでしょう。一定の水準を保つために、正しくトップの関与があるべきだという認識を私は持っています。その点、岩山頭取は、行員だけでなく、地域人財の育成にも、情熱と熱意を持っていますから、安心して、この講義を託すことができます。

　この15年の間に時代が変わり、経済が銀行に求めるある種の厳しさを感じることがあります。当行も平成13年頃から大学生しか採用しなくなったのですが、2年程経過した時、今の大学生とは何か？という壁に突き当たりました。ゆとり教育という課題です。それに対して、いきなり配属せず、1カ月以上、本部で集合研修をした後で営業現場に出す、といった模索を繰り返しました。ですから、こちらで講座を持たせていただく際には、学生の実態を知るための検証作業に、大いに役立ちました。私自身、人事中心で仕事をしてきて、経営計画に「人材の育成」を最大テーマにしてきたので、特に強い意識がありました。

鬼頭　ゆとり教育で、そんなに変わったと感じられるのですね。

豊島　ええ。個人的には、ゆとり教育には大賛成なんです。ゆとり教育が導入される直前は、このままでは学校教育は崩壊してしまうだろうという危機感が持たれていましたし、ゆとり教育導入後に入ってきた子たちはいい子が多いのです。自己の主張を恐れずに個性を発揮できる。ただ、実利社会に入る時、インターフェースを揃えるのは難しかった。先生も親も自分たちの個性を伸ばしてくれる、聞いてくれる、という環境になったことは絶対にいいことに違いありませんが、社会の中で、上下関係の上に成立した、何十年の年齢差のある人と付き合っていくには、インターフェースを揃えないと、両者が容易に傷つき、生産性も上がらなくなってしまう。

この十数年の間に大学進学率が大幅に上がったことも影響しているでしょう。大学進学率が今は5割を超えています。かつて銀行の窓口は、県立の商業高校卒の、18歳の女性行員がほとんどでした。銀行に入ってくる人たちは各商業高校のクラスで一番の子たちで、みな一様にプライドを持ち、とても優秀でした。私が入社した当時は、120人の同期のうち21人が大卒の男性で、99人が女性という時代。しかし今は機械化が進み、金融商品についても説明義務、アカウンタビリティー（説明責任）を持たなければならなくなっています。そうしたときに、5割以上の人が大学に行くなら、積極的に採用活動をしたい。そこで大学需要が重要になってきます。だから、ここで講座を持ち、若い学生と接することで、自分自身の感覚を今の時代に合わせて修正していくのには、すごく役に立ったと感じています。

豊島「最後まで迷ったら銀行員」

鬼頭　昨年1月から1年余り、経団連における、大学教育と就職に関する協議会のメンバーとして、委員会を1つ預かっていました。地方活性化人材育成分科会で、議題となったのは地方においては人財育成。今の会長のお話だと、この授業を通じて今の学生を理解できるようになったとおっしゃられていましたが、今、御社ではインターンシップや授業との関係についてどうお考えですか？

豊島　インターンシップを取り入れていますし、何日間か来行してもらった際に、銀行業務とは何かについて話しますが、働く感覚は、実態の中でしか体感できない部分がありま す。授業でお話ししたかもしれませんが、私はドイツの徒弟制度が、もっとも完成されていると思っています。大学はすべて国立で授業料も免除、一度実利社会を経験してから学校に戻る、といったシステムです。そういう意味で、職業意識を持つことが大切だと考えています。中学生時代にもっと「何になりたいんだい?」ということを、学校でも家庭でも強く伝えていくべきではないかと。学校では、いい学校に進学する、スポーツをする子は仲間を作れ、そういうことを言われますが、もっと早くから職業意識を強く持ち、思い描くべきではないでしょうか。中学生時代に何かの現象があった人は、高校ぐらいから、どうすればそこにたどり着けるか、コースをすでに知っているのです。物作りをしている人が、子どもの頃から手先が器用だったから、と言ったりするのも、立派な職業観ですよね。逆に、そういう意味では、銀行マンは一番最後でいい。文系でも理系でも、どこにも到達できなかった子が最後に来てくれればいい。迷いがありながらも、真面目にやってきた人は銀行員に向いています。いろんな仕事がありますが、社会に貢献したいという意識が高い子が一番いいのが銀行員。特別な能力は必要ありません。「最後まで迷ったら銀行員」という選択肢を考えてほしいですね。

鬼頭　むしろ、迷ったりしたことで、人の話を聞き、世間を見ることができる広い視野を持っている、ということがいいんでしょうね。

豊島　長い時間をかけて、社会に信用してもらうためにはぐっとこらえることも必要です。もちろん、才能があってどんどんアイデアが出るのが一番いいんでしょうが、精神的なタフさ、耐える力が銀行員には求められます。

鬼頭　学生はなかなかそういうふうには理解していないかもしれません。確かに今の日本の教育は、みんな一律に、できるところまで一緒で、最後まで決断させないまま、まんべんなく勉強をしなさい、みたいなところがありますね。それよりも、とんがった子たちはその才能を伸ばしてやるべきだと、私も思っています。人間性がどうとか、教養がどうとかいう意見もありますが、必要があれば人は当然勉強するはずなんです。同時に、途中で進路を変えた時には、別の進路にスムーズに乗れるような、複線型の仕組みにしたほうがいいですね。イギリス（イングランド）では18歳まで義務教育にしたそうですが、ドイツでは早くから職業によって進路が決まります。どこかでけじめをつけさせて、意識をはっきりさせる。そういうのが日本はどうも欠けている気がします。

豊島　子どもたちはずっと親がかりで、自立の時間、機会がない。下手すると二十歳まで職業意識なく、食わせてもらっている構図が出来上がっています。

鬼頭「授業はある意味インターンシップ」

鬼頭　寿命が延びたから、子どもの時間が長くてもいいという考え方もありますが、一方で成熟は早くなっているわけです。知恵もついている。だから早く一人前として認め、意思、意識を持ってもらう。そういう教育をしていかないといけないのかもしれません。私はこの金融論の授業も、ある意味インターンシップだととらえています。学生は一日現場を見て話を聞いたところで、やはり分からないんですね。それよりもじっくり学問的なレベルで理解してみる。興味持ってくれればそれでいい。講師でいらっしゃる方々にとっても、今どきの学生にとっても、お互いを理解するためには、こういう時間が不可欠です。

豊島　今の学生さんはものすごく勉強していますよね。昔はもっと自由度が高かったものですが、経済に余裕があったので、大学卒業後、企業の中でいろんなことを教わる時間がありました。でも今は経済が厳しくなり、この何十年かの間にどんどん高いレベルのものを要求するようになり、教える時間がない。大学4年、6年の間に身につけてきてくれないと使えない、という時代になってしまったのも事実です。

鬼頭　時代時代に求められるものは変わってくるのでしょうが、組織の中で動くという構図はあんまり変わってないのでしょう。そういう疑似的な体験を大学の中でどうやってさせるか。知識だけではなく、というところがなかなか難しいところではあります。

豊島　学校と企業が、もっとこういう機会を大事にして、若者を成長させる、濃く意見交換をしていくことが求められているのでしょうね。

鬼頭　そういう意味で、この講座は非常にありがたい機会だと思っています。私は静岡県の人口減少に関する有識者会議で座長をさせていただきました。人口はどう頑張っても21世紀のうちは減少します。だからそれに応じた地域を作っていくしかないのですが、SDGsでも地域創生でも、そこに暮らすのが楽しい、快適である、豊かである、と感じられる社会を作れば、自然に出生率は上がっていくもの。楽観的かもしれませんが、そう考えると、人口を増やすために結婚を促す、子どもに財政支援するとか、もちろんそういうことも大切ですが、それよりも、地域をいかによくしていくかが正攻法だと私は思います。誰がアクターとして、そこに地域を作っていくのか。若い人にはそこで主役になってもらいたいと､常に訴えていますが、一方で､やはり金融の役目はとても大きいと感じています。

昨年、調べてみたのですが、田沼意次の時代は、とても米の収穫も藩財政も状況が悪かったのですが、あの時代が一つの大きな変わり目になっています。一番暗い時期に、すでに変化が始まっている。何が始まっているかというと、藩札の発行と、藩専売制の実施です。これが地方の経済発展につながっていく。藩専売制といっても、実際に活躍するのは農民であり商人です。藩はそこから収益を得るためにお墨付きを与え藩札を発行しているわけです。田沼の時代、18世紀の最後の四半世紀には藩校が全国にたくさんできてきます。明治維新が起きる頃、幕末・明治初期が最大のピークですが、その前の大きなピークが1776年から1800年にあります。藩専売制を行うということ、その原資として藩札を刷って地域マネーを供給すること、そしてそれに加えて人材育成も行っているのです。要するに、これが三点セット。今が、ちょうどそういう時期に当たっているのかもしれないんです。

豊島　リーダー養成ですね。リーダーを養成しないと藩の制度、経済制度もうまく普及しないし、もっと言えば、公共性を感じるリーダーシップを取れる人材を用意しないと、その制度が定着できないということでしょう。それが後の吉田松陰や西郷隆盛のように、近郷近在の子どもたちが憧れる傑物が出るきっかけにつながっています。

鬼頭　この時期、すでに田沼は失脚して、寛政改革が行われていました。その一環として朱子学を正当な学問として定めることになるので、そういう意味では統制された時代だけれど、地方にもたくさん藩校が生まれ、教える中身はともかく、学問をすることそのものが、人材育成につながっているのではないか。さらにはそれが幕末に核分裂を起こし、優秀な人材を生み出そうとする流れが生まれるのかもしれません。

豊島　それは間違いなく教育の力ですね。統制を取れる組織を、社会を、作る人たちを生み出した。

鬼頭　私は、当時の藩校は今でいう公立学校、公立大学であると話しています。公立大学が地域の産業界と手を組み、いい人材を養成して、活躍してもらう。そのことがやはり大事なのでしょう。

豊島　世界の有名校の創成期は、こういう社会現象や社会ニーズが高まって、誰かが創ったのかもしれませんね。

鬼頭　そういう意味でも、この講座、交流をこれからも続けていきたいですね。よそから来た人も巻き込んで、逆に、静岡で生まれ育った人を武者修行に出し、どこかの時点で戻ってきて恩返しをする。そういう流れを作っていければいいなと期待しています。

2020年8月3日　静岡県立大学学長室にて

「地域金融論」が長く続く理由

清水銀行総務管理部部付部長　金指光伸

私は、清水銀行でいろいろな仕事をさせていただいてまいりましたが、ほとんどの場合、スタッフとして働いてきました。スタッフというと、裏方、黒子で、やりたい人ばかりではないと思いますが、私は、スタッフであることに誇りを持ってやってきました。スタッフは人を光らせることはあっても、自分が光ることはありません。ですから、このような文章を書くことに対しても、正直抵抗がありました。

しかし、書籍化にあたって、この本を多くの読者に届けるためには、開講のいきさつと15年という長い間に起きたさまざまなことをお伝えすることが絶対に必要であるというお話を、多くの皆さんからいただきました。それには、「総合プロデューサー」（静岡県立大学の森勇治先生からは、そう呼んでいただいている）の金指さんが適任だと言うのです。そう言われて考えてみると、主役は舞台に立っていますから舞台裏を見ることはできませんが、私はスタッフですので、ステージも観客も舞台裏も見ることができます。

鬼頭静岡県立大学学長（書籍化の発案者）のお話では、「地域の企業に講義をお願いしたいと考えている地方の公立大学は多いと思うが、やり方が分からない。だからこの講座がどうやって始まったか、知りたい人は多いはず」、森先生（本当の総合プロデューサー）のお話では、「1年や2年、大学で講座を行う企業は多いが、15年も続ける企業は見たことがない。こんなに長く続いている秘訣は何か?多くの大学や企業は、そこが知りたいと思うので、私たちの経験を伝えることには大きな意味がある」ということです。

ですから、この文章が少しでもそんな皆さんのお役に立てればと思います。最初に結論を言ってしまうと、開講のいきさつは「人の縁」、15年間続いている秘訣は「強いリーダーシップ」です。

2019年度講座の終講あいさつに鬼頭学長をお尋ねした際、学長から「この講座は、公立大学と地域金融機関のコラボレーションとして、全国に比類ないものだ。それを出版物という目に見える形にしてはどうか」というお話をいただきました。「これと同じことをやりたい大学はあるし、やりたい地元企業もある。しかし、どうやって始めたらいいか、やり方が分からない。また、どうしたら15年間も続けられるのか、続け方も分からない。だから知りたい人がたくさんいると思う。我々の事例を書籍化することで、このような取り組みを全国に広げる契機にしたい」と言うのです。

学長は「豊島頭取（現会長）は、自行の行員を育てるだけでなく、地域の大学生も育てようとしてくれている。しかも15年間。書籍化すれば、それを世の中に知らせることができる」とも言ってくれました。豊島会長の下で働く時間の長かった私にとって、この言葉ほどうれしいものはありませんでした。この本は、そうして生まれたのです。

「地域金融論」は2005年10月に開講となり今年で16年目を迎えますが、その開講にあたっては3人のキーパーソンがいます。

1人は、清水銀行で常務取締役を務められた故・増井甫彦さん（2018年に他界）、もう1人は静岡県立大学経営情報学部森勇治准教授です。1998年当時、本店営業部の上司だった増井さんは、日本ベンチャー学会という団体に入っており「これからはイノベーションだ」などと勧められて私も会員になりました。そのイベント（横浜）で出会ったのが森先生でした。第一印象はアカデミックな「新進気鋭の学者」。これからいくつも研究論文を書き著作を生み出していく、そんな知的エネルギーを強く感じました。

増井さんは森先生に惚れ込み、清水銀行を退任されてから静岡県立大学の大学院で森先生の教え子になります。私は増井さんの教え子でしたから、3人の関係は複雑でしたが、森先生や増井さんと過ごす時間は、知的好奇心が充たされるぜいたくなひと時でした。その頃の増井さんは、大学院生でありながら、森先生の計らいで管理会計の講義をしたり、森ゼミに参加したり、もともとアカデミックな方でしたので、とても楽しそうでした。増井さんは天国に行ってしまいましたが、今、まぶたに浮かぶのはその頃の姿です。

そんな交流を続けていた2005年のある日、森先生から私の元に「清水銀行さんで、講義を担当してみませんか」という電話がありました。当時、私は個人部門の営業推進を担当しておりましたが、すぐに鳥羽山経営企画部長（現取締役）に相談をしました。

ここで3人目のキーパーソンである豊島会長（当時、常務取締役）が登場します。鳥羽山部長が担当役員の豊島常務に「こんな話があります」と報告をしたところ、豊島常務は「やらせていただきましょう」と即答したのです。命を受けた私は、すぐに森先生にアポを取りました。そうやって「地域金融論」はその年の10月、長い歴史の幕を切ったのです。

「人を育てること」にこれほど情熱を傾けられる方を、私は人生の中で見たことがありません。ですから、県立大学で講義を持つことによって学生を育て、学生と接することで行員が成長し、それが地域の発展につながる、という絵が瞬時に描かれたのではないか？と思います。

「地域金融論」は、増井さんと森先生の信頼関係が全ての土台となって当行に打診がされ、豊島会長がその日のうちにゴーサインを出したことで誕生しました。始まりはまさに「人の縁」だったと思います。

「地域金融論」の原点は、「会計学を学ぶ経営情報学部の学生に、会計学が実利社会でどのように役立っているかを教える」というものですが、それをベースにしながらも「あらゆる業種と接点を持つ清水銀行員を通して一足先に社会を覗き見てもらう」と言う豊島会長から示された指針が大切にされています。そして15年間、最終回は経営層講話で役員が担当します。この講義は、毎回講師が変わるオムニバス形式で10人以上の講師が登壇しますが、その一人一人が、「最終回の役員に襷《たすき》をつなぐ」つもりで講義を行います。その思いは15年間変わりません。15年間、続けてこられたのは、地域金融論の原点と開講にあたって示された指針が大切にされてきたことと、最終回の役員に襷をつなぐ意識で講義が行われていることが、理由なのではないかと思います。

そうはいっても、「15年間、決して平坦ではなかったでしょう?」と言われます。静岡県立大学が、他の企業に変えたいと思ったら、講座は終わっています。清水銀行が「行員を派遣するのは負荷が大きいので、講座は今年限りとしたい」と考えたとしても講座は終わっています。その両方がなかったから続いています。

15年間、清水銀行は私、県立大学は森先生が窓口になっています。私でいえば、個人マーケット、研修、人材開発、研究、採用と担当する部署も仕事も変わっていますが、静岡県立大学の講座だけは、一貫して担当させていただいています。森先生も同じです。そういう体制を許してくれる組織だからこそ、こんなに長く続けてこられたのだと思います。清水銀行は「小さくともキラリと光る」銀行ですが、決してリーディングバンクではありません。森先生には「なぜ、(講座を担当するのが)清水銀行なのか?」というプレッシャーがあったと聞きます。実際、多くの企業が「地域金融論」のコマを狙っています。しかし「清水銀行は、決して自行の宣伝のためにやっているのではない。豊島会長は、本気で本学の学生を育てようとしてくれている」という森先生や鬼頭学長の信頼感が、「来年も清水銀行で」という判断につながっていったと推察します。

清水銀行においても「講座をしている割に、受講者の当行エントリー(就活)が増えない」とか「エース級の行員が、講義の準備に時間を割かれ、営業の阻害要因になっている」といった指摘を受けたことがあります。しかし「清水銀行は、こんなに良い会社です」「1人でも多くのエントリーをお願いします」という採用活動をしていたら、2年か3年で、この講座は終わっていたと思います。「講師はエース級を避ける」という選定を行っていたら、学生の満足度は下がり不人気講座になっていたはずです。

しかし、この講座は清水銀行の宣伝ではなく、学生に、「今、世の中で起こっていること」、社会を一足先に見ていただくことを心掛けて、シラバスが作られています。登壇するのは本当に各部・各所の最前線で、地方銀行の使命感を持ち、汗と涙を流して頑張っている行員たちです。なぜ、それができたか？　それはそこに「強いリーダーシップ」があったからに他なりません。その姿勢が静岡県立大学に理解されているからこそ、強固な信頼関係が構築されています。

静岡県立大学からは、毎年、たくさんの学生が入行しています。「宣伝」の講座にしないからこそ、「清水銀行で働きたい」という学生が増えるのだと私は思っています。コロナウイルスの前、この講座は１００人近い学生を集めて開催されていました。エース級の行員は、華々しい成功体験を持つ一方、失敗体験も多くしています。それは、最前線で頑張っている彼らにしかできない話です。

彼らは大学の先生のような体系だった理論は語れませんが、体験は語れます。それが、毎年変わる学生の支持を集め続けています。15年間ぶれずに、それができているのは、豊島会長の強いリーダーシップがあるからこそです。この講座は途中「ＣＳＲ（企業の社会的責任）」とか「地方創生」の観点から、メディアに紹介された時期もありますし、今は「ＳＤＧｓ」の文脈で注目されています。

しかし豊島会長の頭にあるのは、一貫して「人材育成」だと感じています。会長は、「清水銀行の行員だけ育てればいい」とは、決して思っていない方です。もっともっと視線は高くにあります。鬼頭学長の「豊島会長は、自行の行員を育てるだけでなく、地域の大学生も育てようとしてくれている」という言葉は、まさに、豊島会長が15年前、この講義を始めようと考えた最大の動機だったのではないかと思います。書籍化は、その集大成です。

10月からは16年目の講座が始まります。地方の公立大学と地域の金融機関・企業のコラボレーションが、全国に広がっていくこと、私たちの取り組みが、そのヒントになれば良いと思います。

「地域金融論」開講の経緯と運営

静岡県立大学経営情報学部准教授　森勇治

詳細な開講に至る経緯、特に講義を担当してくださった清水銀行側からの説明は、当初から総合プロデューサーとして講座全体を統括していただいた金指氏が行ってくださいました。一教員として参加した私から少しだけ付け加えさせていただきます。

本学経営情報学部は社会に開かれた学部です。自治体・企業・地域（商店街や高校など）と協働して各種の事業に取り組んでいますし、国や自治体の政策立案にも各種委員として貢献しています。社会人聴講生等も少なくありません。ただ講義はほとんどが学内の教員で実施されており、非常勤講師にお願いする講義はそれほど多くありませんが、その大半は他大学教員か本学の退職教員によるものです。ここ最近は業界団体等が講義を引き受けてくださることもあります。

その先駆けとなったのが「経営情報特別講義」で、当初は「会計学がビジネスの現場でどのように活用されているのか」をテーマとした講義でした。開始のきっかけは、本学が静岡県から分離され、独立した組織（地方独立行政法人）が検討される過程で、ある監査法人から会計学に関連する講義を担当したいという申し出があり、お願いすることになったことです。大学教員とは異なった視点での講義で、学生からも好評でした。しかし静岡県立大学の独立行政法人化が決定すると同時に、突然継続中止を言い渡されました。残念な話でしたが、講義内容を再検討し、存続の可能性を模索する中で、旧知の増井氏と金指氏を通じて清水銀行に講座開講の可能性を探っていただくことになりました。すると、なんと連絡を差し上げた翌日に快諾のご回答があり、開講の準備に間に合い、ほっとしたことを覚えています。

清水銀行には会計学の応用を講義のテーマとして依頼したことが、この講座の運営方針に好影響を与えたと、今になって思います。もし本業である銀行業や金融についての講義を依頼したとすれば、新人社員研修教育の延長として実施できたかもしれません。ただ他の講義同様にほぼ丸投げになると思います。それは私の専門外のテーマだからです。しかし今回は会計学の社会への応用についての講義を依頼したのです。そのため工夫が必要となるはずです。ちょっとひねったテーマで講義をお願いしたので、私との打ち合わせが必要になったと思います。そして毎年のシラバス作成も、また直前の具体的な授業展開についても、私と清水銀行の金指氏とご担当の方との間で決めることになりました。原案をお持ちいただいて、私からかなり突っ込んだ意見を述べます。例えば他の講義で既習の内容であれば、簡単に触れていただく程度にすることや、担当者の若かりし頃の武勇伝や若者への期待の話を避けていただくというようなことです。さらにメールでのやり取りを経て、金指氏が最終案をまとめられて、それを実行ということになります。

この講座についての打ち合わせは私の知る大学の常識からするとかなり外れています。大学教員というのは、個人事業主のようなもので、自分が担当する講義の内容について他の講義との調整をしたりすることはほぼありません。これは非常勤講師に依頼するときも同じです。講義タイトルを提示するだけで、あとは一切お任せというのが通例です。それに加えて、今回の非常勤講師は個人ではなくて、組織が担当するというのです。これも異例です。誰が科目責任者、つまり講義の実施と採点の責任者を決める必要があるのですが、それが組織名になるわけにはいかないのです。そこには当該年の清水銀行経営企画部の担当者の方の名前が記されています。

毎年の講座の様子ですが、金指氏が全15回、各講義の司会をしてくださいます。毎回充実した資料配布があり、また後述の「講義出席カード」の回収・整理もありますので、それを担当してくださる経営企画部のスタッフもお出でになります。講義担当者は全15回をお一人が担当するのではなくて各回異なります。お一人であったり、数人で業務のロールプレイをされたり、卒業生行員の登壇の機会も必ずありますし、最終回は頭取を含めたトップ層がお出でになるなど、かなり多彩です。豊島会長も過去4回登壇してくださいました。私がゼミで指導した学生も何名か講義に参加してくれたのはよい思い出です。この講座担当者は全行員のことをご存じだという金指氏が、経営企画部の方とともにベストの人選をされているとのことです。

講義の内容については、本書で詳しく取り上げるところです。ただ当初、私は前段の授業を継続して会計学の応用について講義してほしいと依頼し、会計学の復習や経営分析などを中心に講義が開始されました。その後徐々に地域経済における金融機関の役割や学生に人気のあるファイナンシャルプランナーの業務等へと講義内容は変容していきました。そして本講座は3年生の後期（10月から2月）に開講されるので、就職活動全般への心構えの講義等も行われるようになりました。

この講義内容が変更されていった経緯についても興味深いと思います。講義内容の変更については清水銀行からの意向もありましたが、それに影響を与えているのが、毎回講義の最後に学生に提出させる「講義出席カード」という名の小レポートです。この400字程度で当該講義の要約、良かった点、分かりにくかった点などの感想等が毎回フィードバックされてきているのです。これが毎回の講義担当者の励みにもなったと聞いておりますし、また次年度の講義内容への修正につながっていきました。

　このレポートには講義の要約等にとどまらず、一般社会についてのさまざまな疑問・質問や就職を含めた人生相談などが寄せられていました。それに対して清水銀行が驚くほど親身になって回答してくれるのです。追加の参考資料も加えてくれます。激務の合間にこのような「冊子」を毎回作ってくださるのですから、これは本業の我々の負けです。正直言って信じられない水準にあります。その結果、この講座の評判は徐々に広がり、通常他学部からの講義参加はまずありませんが、国際関係学部からの受講者も増えてきています。

　このように「地域金融論」を実質的に取り仕切っていただいたのは金指氏です。毎年の総合プロデュースに加えて、講義にも何回か登壇され、15回全部の講義で司会を担当し、前回の講義との関連性を示し、当日の講義のポイントを示してくださり、講義の最後には要約をして、学生が最後に提出を求められる「講義出席カード」のヒントをくださり、その提出も講演者とともに受け取られています。そして講義終了後には学生からの質問も受けられています。

　講義を担当していない私がなぜこのように講義の内容等について知っているのかというと、私が講義に参加しているからです。最近ではファカルティデベロップメント（ＦＤといいます）の一環で、他の教員の講義に参加することもありますが、これも大学の常識外の行動です。そのような機会をいただいているのですが、残念ながらすべての講義は参加できません。それでも数回は講義に参加していますし、毎回講義資料をお送りいただいています。そのため講義の内容で銀行業務の幅広さとご苦労については、ある程度分かるようになったかもしれません。

この講座で最も感銘を受けるのが、清水銀行の方々の誠実な姿勢です。命の次に大事なお金を預ける先が銀行なのだから、銀行業務の基礎には人間同士の信頼関係の構築であると講義でたびたび言及されています。その信念が講義全体で感じられることはたいへん素晴らしいことだと思います。何名ものスーツ姿と制服の行員の方々が講義のために集まってくださり、教室全体の雰囲気も通常の講義とはちょっと違うと思います。この講座での学びによって、一歩早い就職活動への取り組みにつながり、ほぼ100パーセントの就職率が達成できているのだと思います。

これまでの15年間はリーマンショックによる金融危機、東日本大震災と福島原子力発電所の事故、新型コロナのパンデミックとそれに伴う景気後退と社会の混乱と歴史に残る大事件が続きました。環境問題も深刻化する一方ですが、抜本的な対策を講じることはできていません。そのような中で本学においても鬼頭学長のイニシアティブによってSDGs宣言が出され、地域とともに地域のための人材を輩出することを一層強く認識するようになりました。地域金融機関にとっても激動の15年であったと思います。地域経済の中核となる金融機関である清水銀行の多大なご尽力の下に地域の礎となる人材を多数輩出することができました。豊島会長がおっしゃるように「人材こそが、地域の礎」であり、その意味から本講義をこれまでお引き受けいただけたのだと思います。清水銀行の皆様、特に豊島会長と金指氏には心から御礼を申し上げるとともに、今後ともご協力を賜りますようにお願い申し上げます。

第二章

最近の世の中の動きと銀行の取り組み

2019年度講座 より

第二章では実際の講義内容を紹介する。2019年度の講義の中からセレクトした。なお、書籍化にあたっては新型コロナウイルスによる影響を踏まえ関係のある部分について加筆修正を行っている。

世の中の変化と最近時、清水銀行の取り組み

ＳＤＧｓ、ダイバーシティ、働き方改革…

２０１９年10月16日　経営企画部次長　小澤一誠

※書籍化にあたり加筆修正

ＳＤＧｓとは

ＳＤＧｓ［Sustainable Development Goals（持続可能な開発目標）］は、２００１年に策定されたミレニアム開発目標（ＭＤＧｓ）の後継として、２０１５年９月の国連サミットで採択された「持続可能な開発のための２０３０アジェンダ」にて記載された２０１６年から２０３０年までの国際目標です。

持続可能な世界を実現するための17のゴール・１６９のターゲットから構成され、地球上の「誰一人として取り残さない」ことを誓っています。

現在では、グローバル企業のトップをはじめ、多くの企業でＳＤＧｓへの取り組みが開始され、さらには、株式市場でも環境（Environment）と社会（Social）、企業統治

（Governance）に配慮したＥＳＧ投資に注目が集まってきています。

新たな事業機会の獲得や、リスクの低減、「共通言語」としてのコミュニケーションツールなど、企業活動に大いに活用できるため、ＳＤＧｓに取り組む企業が増えています。

日本政府についても、２０１６年５月に内閣総理大臣を本部長・全国務大臣を構成員としたＳＤＧｓ推進本部を設置、各省庁が横断的に、ＳＤＧｓに取り組むことにしました。「ＳＤＧｓアクションプラン」の策定や、「ジャパンＳＤＧｓアワード」を主催するなど国をあげてＳＤＧｓを推進しています。

ダイバーシティ（多様性）の目的とは

世の中には、国籍、性別、年齢、宗教、ライフスタイルなどに固執することなく多種多様な人が存在しています。その多種多様な人材の力の結集により、新たな価値を創造していくことがダイバーシティの目的です。

昨今、少子高齢化や価値観の変化により、多種多様な人材の活躍が必要な時代になってきました。男性中心の社会から、女性が社会進出して活躍するようになり、外国人の人材も日本社会の一翼を担う存在に変化してきました。

これまでの価値観や固定概念にとらわれることなく、多種多様な人材を受け入れて、もっと良い世の中にしましょう、良い企業にしましょうという「ダイバーシティインクルージョン」という考え方も生まれてきました。

ダイバーシティインクルージョン

ダイバーシティ（多様性）とインクルージョン（多様性の受容）により、多様性の受容と活用を通じて個人と組織のパフォーマンスの最大化を同時に実現できることから、ダイバーシティとの相性の良い取り組みとして注目されています。

ダイバーシティインクルージョンの実現により、組織・社会の活性化や新たな商品やサービス（価値）の創造、競争力の強化など、これまでとは違った新たな価値の創造が期待されています。

生産年齢人口の減少による深刻な問題

日本人の1人あたりの平均総労働時間を遡ってみてみますと、1980年代の日本人は、諸外国と比較しても圧倒的に働いていていました。

「24時間戦えますか」というフレーズが流行語になるなど、長時間労働は当たり前の時代でした。1990年代に入り、少しずつ減少してきた平均総労働時間ですが、近年に至るまで高止まりしており、依然として高い水準にあります。

しかしながら、世界から高く評価されるメイド・イン・ジャパン製品や付加価値の高いサービス、おもてなしが今も高く評価され続けているのは、団塊の世代*の方々を中心として、この時代の日本を支えてくださった人たちがいたからに違いありません。

それが２００８年頃からの人口減少に加えて、団塊の世代が60歳を超え始めると、生産年齢人口（15歳～64歳）がさらに減少し、労働力が毎年減少していきました。

働く人がいなくなると、後継者問題や事業の継続性に関わる問題が起こります。そして、人口減少が進んでいる地方になればなるほどより影響は大きく、一人あたりにかかる業務の負担増や長時間労働の加速が進み、各企業や生産年齢世代への負荷が増加傾向にあります。

そのような社会情勢や構造上の問題を、国や地方自治体などが深刻に捉え、それら課題への対応、解決する手段として、働き方改革関連法案の施行やダイバーシティの促進等につながっています。

＊１９４７年～１９４９年の第一次ベビーブームが起きた時代に生まれた世代のこと。

働き方改革とその具体的な取り組み

少子高齢化、生産年齢人口の減少等の社会的背景から、２０１９年４月より働き方改革関連法が施行されました。本法施行により、長時間労働の是正、女性の活躍の後押し、高齢者の就業促進、外国人材の受け入れ等を推奨し、男女を問わず、全ての人が快適に働ける環境を整備することによって、生産力・国力の低下を防いでいくということを目的としています。

働き方改革といっても、法施行やダイバーシティを促進しましょうと掲げるだけでは、改革を実現できません。限られた労働力を有効に活用し、柔軟な労働条件を提供することで、より多くの人が持続的に働けるように、地方自治体や各企業が工夫・検討をしています。

その具体的な手段として、自宅や本来の勤務地とは別の場所で仕事を行うテレワーク、労働時間を柔軟に設定して、その人のライフワークに合った時間に勤務することが可能なフレックスタイム制、席を固定せず別の部署や社内をＰＣ一つで自由に移動して仕事をすることが可能なフリーアドレスオフィスなどがあります。

子育てや介護により、これまでの勤務形態では働くことが難しかった世代にとっては、こうした環境が整うことにより、働く機会が拡充されます。また、企業側にとっても、貴重な人材を雇用する機会が増大し、労働力の確保により企業価値の向上が期待されます。

奇しくも、新型コロナウイルス感染症の拡大の影響により、各企業の働き方改革が急速に加速しております。特に首都圏では、人との接触や移動を制限するという観点から、テレワークや時差出勤の対応を開始した企業が増えています。

日本社会にとって、今回の事態は大きなターニングポイントとなる可能性は極めて高く、企業経営、働き方、価値観などのパラダイムシフトが起こりつつあります。

「Society5.0」ソサエティ5・0

ＡＩ、FinTech（フィンテック）、キャッシュレスについてお伝えするベースとしてまずは、「Society5.0」について説明させていただきます。

「Society5.0」とは、日本政府による科学技術政策の基本指針の一つで、科学技術基本法に基づき、２０１６年から5年ごとに改定されている「第5期科学技術基本計画」で登場したフレーズです。これまでの情報社会では、あふれる情報の中から自分達に必要な情報を見つけて分析、判断する作業が必要でした。

これからの社会は通信技術の発達と膨大なデータを蓄積して処理する技術によって、全ての人とモノがつながり、さまざまな知識と情報が共有され新たな価値が生み出される時代になっていくと思います。

「Society5.0」は人類史上5番目の新しい社会です。内閣府によると、「Society5.0」とは、「サイバー空間（仮想空間）とフィジカル空間（現実空間）を高度に融合させたシステムにより、経済発展と社会的課題の解決を両立する、人間中心の社会（Society）」と定義されています。

５番目より前の社会とは、

Society1.0 狩猟社会：一定の範囲内で活動し動植物の狩猟や採集を生活の基盤とする社会。

Society2.0 農耕社会：農耕によって定住しやすく、そこから規範が生まれ共同体が形成される社会。

Society3.0 工業社会：文明開化に始まり「産業革命」による製造業が盛んになる社会。

Society4.0 情報社会：情報が諸資源と同等の価値を有し、それらを中心として機能する社会。

これらの社会を経て「Society5.0」につながっております。

「Society5.0」を要約していきますと、「IoT（Internet of Things）」で全ての人とモノがつながり、さまざまな知識や情報が共有され、「人工知能（ＡＩ）」により、必要な情報が必要な時に提供されるようになる時代です。

例えば、ロボット産業や自動車産業と上記キーワードとの結び付きによる社会の変革（イノベーション）を通じて、私たちが抱える問題を解決していこうとするものです。

「Society5.0」で実現する社会の例

①IoTで生まれる新たな価値

情報があふれている中で、適切な情報の取捨選択は人間が行う作業のため、知識や情報の共有、連携が不十分という課題がありましたが、IoTによりその課題が解消され、情報や知識の組み合わせによる新たな価値が生まれることが期待されています。

②AIにより必要な情報を必要な時に提供

個人の行動パターンを分析して、その個人が解決したい問題などを同じような行動パターンを持つ膨大なデータから最適解を導き出すことが可能になってきます。

③イノベーションによる多様なニーズへの対応

例えば、ドローンを遠隔操作して過疎地に荷物を届けたり、都市部にある総合病院等の専門医による遠隔診断を受けたり、地域課題に対応することが可能になります。

④ロボットや自動走行車などの活用

荷物の輸送等の重労働な作業を自動化したり、介護やホテルの受付業務等をロボットが代替したりすることで、人間が他の創造的な仕事へ移行できるようになります。

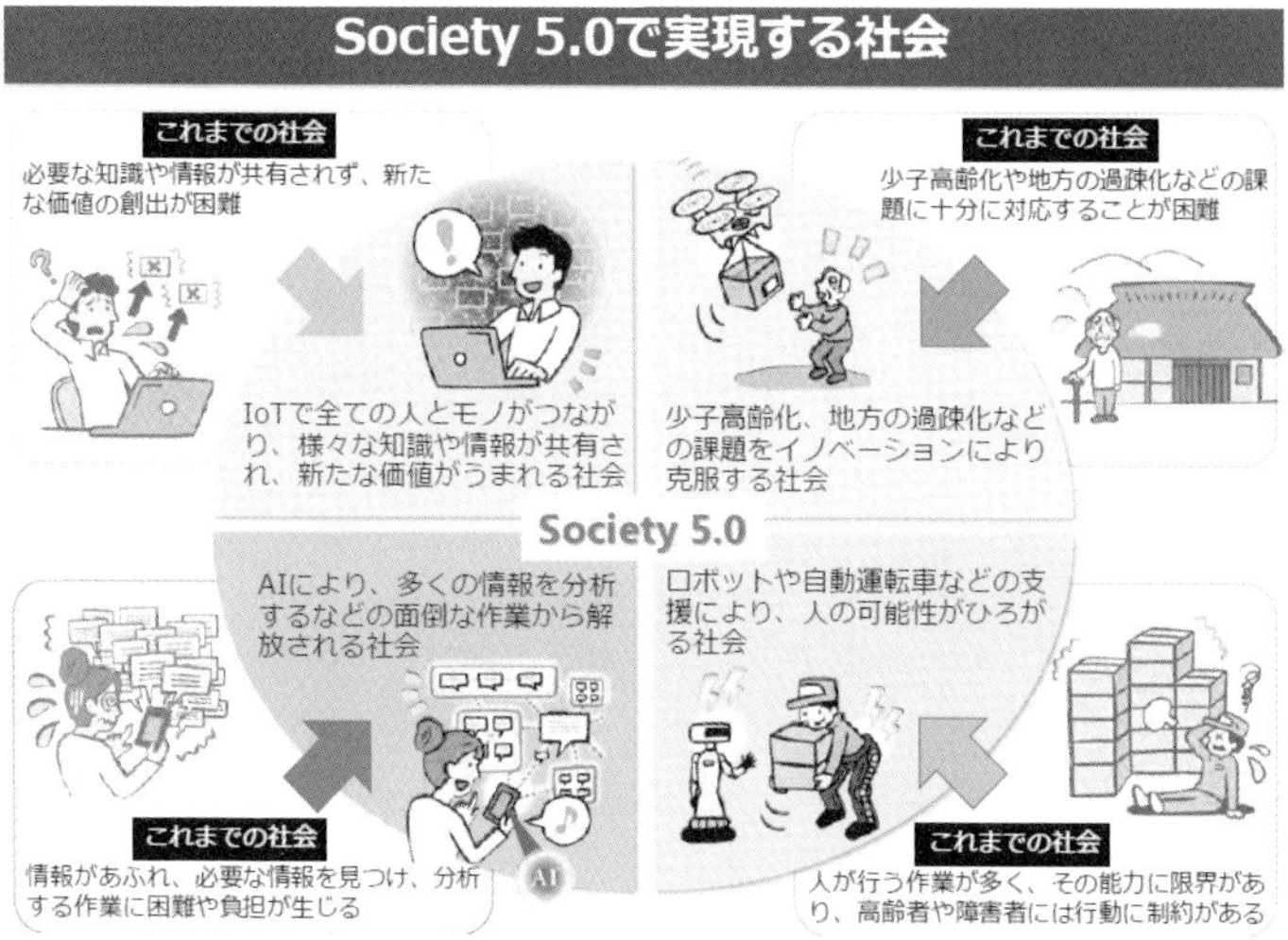

内閣府ホームページ「Society 5.0」より

ＡＩの応用

ＡＩの応用分野として、チェスや将棋など知的なゲームで対局するシステム、画像や映像に映る物体や人物を識別する画像認識システム（コンピュータビジョン）、人間の発話を聞き取って内容を理解する音声認識システム、言葉を組み立てて声として発する音声合成システム、ロボットや自動車といった機械の高度で自律的な制御システム（自動運転など）、自動要約や質問応答システム等がよく知られています。

銀行業界についても、過去のビッグデータを基に、ＡＩが融資の審査をするサービスや、残高照会等の定型的なお客さまからのＱ＆Ａに対して、自動で応答するシステムなどがすでに展開されております。

FinTech（フィンテック）によるサービス

FinTechとは、Finance（金融）とTechnology（技術）を組み合わせた造語で、従来の金融サービスと技術を組み合わせた領域のことです。特に、ＩＴ企業と金融機関が連携・協働しながら金融サービスを提供することを指す場合が多く、FinTechは利用者にとって身近なものになりつつあります。

「FinTech」という言葉は、ここ数年で急速に注目を集めた言葉ですが、金融とＩＴの結びつきは今に始まったことではなく、金融機関は以前から、テクノロジーを活用して便利なサービスを提供してきました。

例えば、ＡＴＭの普及により、金融機関の窓口に並ぶことなく、預金口座からお金を引き出したり、送金したりすることが可能になりました。また、インターネットバンキング等のオンラインバンキングサービスにより、パソコンやスマートフォンを使って送金することも今や当たり前の時代になりました。

一方で、FinTechに関する取り組みは、金融機関によるテクノロジーへの投資（例えば、銀行の店舗にＡＴＭを設置すること）ではなく、ＩＴ企業と金融機関との連携・協働によるものであり、双方の知見や情報が組み合わさることで、今までにない便利な金融サービスが提供されるようになりました。

例えば、個人が金融機関に保有している口座情報とＩＴ企業が提供する家計簿アプリを連携することで、口座の残高情報が自動で家計簿に反映されるような、個人による資産管理が容易になるサービスが挙げられます。

また、このような口座情報等をＩＴ企業と安全かつ正確に連携する仕組みとして、オープンＡＰＩが注目を集めており、連携の取り組みの拡大に向けて体制整備が進んでいます。スマートフォンの普及により、サービスを利用するためのアプリを簡単に取得することができるようになったこともあり、革新的なサービスがたくさん生まれています。

オープンＡＰＩ（Application Programming Interface）の利用

ＡＰＩとはアプリケーション・プログラミング・インターフェースの略で、あるアプリケーションの機能や管理するデータ等を他のアプリケーションから呼び出して利用するための接続仕様・仕組みを指します。それを他の企業等に公開することを「オープンＡＰＩ」と呼びます。
FinTech の分野では、「銀行以外の者が銀行のシステムに接続し、その機能を利用できるようにするプログラムのことを指し、このうち銀行がFinTech業者にＡＰＩを提供し、利用者の同意に基づいて、銀行システムへのアクセスを許諾する形態」がオープンＡＰＩと定義されています。

オープンＡＰＩは、FinTech業者の新規参入を促すほか、新興の金融機関にとっては新規顧客獲得の機会となり、金融機関およびFinTech業者間の競争を高め、結果的に金融サービスの品質向上に寄与するというわけです。また、ＡＰＩは金融サービス利用者の利便性を高めるとともに、適切な対策および運用を行うことによりセキュリティの強化につながるとされています。

お金の価値やあり方が変化しているため、金融機関がこれまで築き上げてきた信頼と信用を新たな技術と融合させることで、さらに付加価値の高い、世の中の役に立つサービスの提供につなげていきたいと考えております。

キャッシュレス決済の普及

キャッシュレス決済とは、現金を使わない決済方法の総称のことです。

２０１８年４月に経済産業省が策定した「キャッシュレス・ビジョン」というものがあります。キャッシュレス・ビジョンとは、消費者の利便性向上のため、事業者の生産性向上のため、あるいは外国人旅行客の購買機会を獲得するために、キャッシュレス決済の普及を国をあげて推し進めていくというものです。

特に、２０２０年の東京オリンピック・パラリンピック、２０２５年の大阪・万国博覧会の開催に伴い、インバウンド（訪日外国人）が増加すると見込まれていたことから、２０２７年６月までにキャッシュレス決済比率を全決済の４割まで引き上げましょうという目標が掲げられています。

現在のキャッシュレス比率は、約２割程度なのでその倍にしなければなりません。韓国をはじめとして、諸外国ではキャッシュレス化が進んでいますが、日本はまだまだこれからです。インバウンドを逃がさないためにも、全世界的に取り入れられているキャッシュレス決済を日本でも普及させる必要があります。

※新型コロナウイルス感染症の拡大の現下においては、オリンピックを含めて、インバウンド需要に対する見通しが立たない状況となっております。国内においても、キャッシュレスの普及よりも、まずは資金繰りの確保や事業の継続性への対応が最優先事項となっています。ただ、キャッシュレスが普及すれば現金の入出金や両替等の手間がなくなり、無用な外出や接触を限りなく減らすことができます。

Society5.0のまとめ

ＡＩ、FinTech、キャッシュレスなどが普及し、社会生活に取り入れられるSociety5.0の社会とは、経済発展と社会的課題の解決という2つの軸を両立するものです。よく、これまで人間がやってきた仕事をＡＩやロボットに奪われてしまうというような報道や雑誌を見聞きしますが、国が目指すべき未来社会は技術革新による経済の発展と社会の課題解決を両立した「人間中心の社会」であり、これまで人間が行ってきた仕事をＡＩやロボットに置き換えることで、より高度で付加価値の高い仕事や発想を人間が行っていくというものです。

新しい社会の到来をより良くとらえて、人間らしい生活と働き方を考え直す大きな転換期を今迎えようとしているのではないかと思います。

清水銀行のＳＤＧｓに向けた取り組み

清水銀行は２０１９年４月にＳＤＧｓ宣言を策定・公表し、①地域経済の持続的成長、②環境保全、③地域社会への貢献について宣言しています。ＳＤＧｓという目標設定以前から、地域のために、お客さまに親しまれ、喜ばれ、役にたつ銀行を目指してまいりました。持続可能な社会の実現に向けて、地域の皆さまと一緒になって成長し、地域に根差した営業活動を展開しています。

特徴的な取り組みとしては、創業当時より所有している山林の整備事業を進めております。また、興津川、安倍川のクリーン作戦には、毎年多くの行員が参加しています。

静岡大学、静岡県立大学での講義、地域のお子様に職場体験をしていただく子供学習体験、地方創生私募債の発行等、多くのＳＤＧｓに向けた取り組みも継続しております。

さらに、美術展・静岡交響楽団、清水エスパルスのオフィシャルスポンサーとしての協賛も行っています。

美術展への協賛

静岡県、静岡市は、美術という環境において、大変恵まれている環境にあります。皆さんもよくご存じの静岡県立美術館や静岡市美術館をはじめとする文化芸術に触れる施設が多数あり、本来首都圏に行かなければ見られない芸術品を、静岡で見ることができます。

次ページの表は清水銀行が協賛してきた美術展の一覧です。絵画展もさることながら、文明展や王朝展等、歴史的な企画展に協賛していることが多いのは、皆さんのニーズが高い証拠です。そして、観覧日数がそれぞれ違うのが見てわかると思います。

展覧会をするといっても、事業計画（集客、資金繰り等）に目処が立たないと、いくら

開催時期	企画展名	日数	入場者	1日あたりの入場者数	会場
2003.5.27~7.10	マヤ文明展	39	59,000	1,513	静岡県立美術館
2004.4.24~5.30	中国歴代王朝展	32	46,000	1,438	静岡県立美術館
2005.4.23~9.25	エルミタージュ美術館名作展・花の光景	134	82,000	612	静岡アートギャラリー
2006.9.12~10.30	世界遺産ナスカ展・地上絵の創造者たち	43	84,000	1,953	静岡県立美術館
2007.12.28~20.3.30	ガンダーラ美術とバーミヤン遺跡展	80	73,000	913	静岡県立美術館
2008.7.12~8.31	国宝鑑真和上展	44	73,000	1,659	静岡県立美術館
2009.4.11~5.15	よみがえる黄金文明展	32	36,000	1,125	静岡県立美術館
2010.10.2~11.28	ポーラ美術館コレクション展	51	39,000	765	静岡市美術館
2011.12.17~24.3.4	草原の王朝 契丹 美しき3人のプリンセス	65	35,000	538	静岡県立美術館
2012.11.27~25.1.27	マチュピチュ「発見100年」インカ帝国展	51	98,000	1,922	静岡県立美術館
2013.9.7~10.20	世界遺産登録記念「富士山の絵画」展	38	18,000	474	静岡県立美術館
2014.8.4~9.23	山本二三展	48	66,000	1,375	静岡市美術館
2015.9.5~9.23	富士山-信仰と芸術-展	33	13,400	406	静岡県立美術館
2015.12.5~28.1.11	生誕120年記念 芹沢銈介展	29	7,500	259	静岡市美術館/芹沢銈介美術館
2016.9.17~11.3	徳川の平和-250年の美と叡智-展	48	26,520	553	静岡県立美術館
2017.2.18~3.26	夢二と京都の日本画展	37	11,969	323	静岡市美術館
2017.4.9~6.25	黄金のファラオと大ピラミッド展	70	92,917	1,327	静岡県立美術館
2018.7.14~9.2	安野光雅ふしぎな絵本展	50	28,729	575	静岡県立美術館
2019.5.18~7.15	古代アンデス文明展	59	55,362	938	静岡県立美術館

美術展への協賛

素晴らしいと思われる事業でも実現化しません。特に美術品や展示品を借りるときには、オール・リスクを担保しなければならず、元ある美術館の展示場所から移動し、元の位置に戻すまで、保険に加入することが貸出の条件となっていることがほとんどです。保険料算定の基準は、国際市場価額に基づいて決定されますので、個別性があり、件数が多くない美術品等は、「大数《たいすう》の法則」が効きにくい等の理由により、保険価格が高額化し、美術展開催の障害になることも少なくありません。

だからこそ行政の補助や地元企業、地域の皆さまの協力が必要不可欠になってきます。

静岡交響楽団への協賛

静岡交響楽団は1988年11月「静岡室内管弦楽団〝カペレ・シズオカ〟」として設立されました。静岡県

開催時期	コンサート名	会場
2012.11.3	モーツァルト・シリーズ第1回	清水文化会館マリナート 小ホール
2012.11.10～ 2013.3.31	にぎわい街づくりコンサート	JR清水駅周辺
2013.3.31	バレエ「くるみ割り人形」全幕	清水文化会館マリナート
2013.7.14	静岡・山梨合同音楽祭「霊峰富士を讃えるコンサート2013」	富士ロゼシアター
2013.12.15	エッセンシャル・モーツァルト・シリーズ第3回	清水文化会館マリナート 小ホール
2014.9.28	超・名曲コンサート	清水文化会館マリナート
2015.3.29	第56回定期演奏会　オーケストラの日コンサート	清水文化会館マリナート
2015.9.6	第60回定期演奏会　常任指揮者就任披露コンサート	清水文化会館マリナート
2016.3.27	第63回定期演奏会　オーケストラの日コンサート	清水文化会館マリナート
2016.4.29	第64回定期演奏会　前理事長追悼公演	清水文化会館マリナート
2017.3.25	オーケストラの日2017　第70回定期演奏会	清水文化会館マリナート
2018.2.18	オーケストラの日2018　第77回定期演奏会	清水文化会館マリナート
2019.3.17	オーケストラの日2019　名曲コンサート	清水文化会館マリナート

静岡交響楽団への協賛

内初のプロオーケストラです。１９９４年、音楽監督・指揮者に堤俊作氏を迎えたのを機に「静岡交響楽団」と改称されました。

県内在住者と県内出身者を中心とした優秀な演奏家で構成され、定期演奏会をはじめ、県の公式行事、外国からの指揮者・ソリストの招聘、オペラ公演、企業協賛のコンサート、青少年のための音楽会など、積極的に取り組んでおります。

地元にプロのオーケストラがあるというのは、音楽を知っている人ならそのすごさや大変さはわかると思います。地域のために音楽を届けたいという想いを持ってくれている演奏家の皆さまと、それを支える地域の皆さまの両方がかみ合わなければ、持続していくということは容易ではありません。

清水エスパルスへの協賛

エスパルスを支援している当行の事例を3つを紹介します。

1つ目は、エスパルスへの協賛です。清水銀行は地元サッカークラブであるエスパルスへの協賛が地域活性化につながると考え、Jリーグ元年の1993年より支援を開始。1997年にはパートナーの最上位カテゴリーであるオフィシャルトップパートナーとなりました。練習着には毎年清水銀行の名前が掲出されております。

2つ目は、清水銀行杯の開催です。地域スポーツを盛り上げるため、毎年1月に清水区で開催されるサッカー大会の清水銀行杯に協賛しています。大会には未就学児から中学3年生まで、幅広い年齢層の子供たちが参加します。また、同大会の優勝チーム選手全員を清水銀行デー（エスパルスのホーム開幕戦）に招待する活動も実施しております。

3つ目は、タイキャンプへの共催です。地元の子供たちが、異文化に触れ、国際感覚を養うことで、さまざまな場で活躍できる人間に成長していただくため、2018年にタイサッカーキャンプを開催しました。キャンプには5～6年生合計23名の生徒が参加し、現地の子供たちと親交を深めました。

SDGsまとめ

文化芸術、交響楽団、地元スポーツクラブへの協賛・後援をさせていただくことにより、地域の活性化につなげ、将来の静岡県を背負って立つこれからの若い世代の方々の一助になることを目的として活動しています。

地域の皆さまのために活動し、地域と一緒になって、このような活動を継続していくことが、ＳＤＧｓ達成に向けた取り組みだと考えております。

働き方改革に向けた取り組み

働き方改革関連法案の目的でもある、長時間労働の是正に対して、当行も「水曜早帰り日」等を掲げ、働き方改革に向けた意識を行内全体で高めています。また、業務自体の削減や効率化を図るべく、デジタル化に向けた取り組みを行っています。

デジタル化については、お客さまからのご融資の申し込みを審査する際に使用する稟議資料や投資信託のお申し込み受付業務等をデジタル化することにより、本部と支店間等の離れた場所にいる人同士でも、ロスタイムなく資料の確認・共有が図れるようになっております。

清水みなとインターネット支店

店舗に来店できないお客さま、または来店する必要のないお客さまのニーズにお応えするため、２０１６年４月に清水みなとインターネット支店を開設しました。開設以降、預金残高は順調に増加しており、非対面取引でのニーズがこの数年間で、著しく高まっている表れだと感じております。

スマートフォンの普及や新型コロナウイルス感染症の拡大に伴うオンライン化の進展により、この非対面チャネルのニーズはますます高まっていくと予想されます。

SHIMIZU With Card

２０１６年10月より取扱いを開始した「SHIMIZU With Card」について紹介します。この商品は、全国金融機関で初めて銀行の「キャッシュカード」と「クレジットカード」と「ポンタカード」を一体化し、１枚で３役を果たす商品です。「クレジットカード」は、国内で最も利用されているキャッシュレス決済手段であり、今まさに到来しているキャッシュレス決済ニーズの高まりに対応した商品です。

そして、地域のお客さまにパートナー企業として提携していただくことにより、銀行、お店が一体となって、売上貢献活動やキャッシュレス化への取り組みを展開しています。

FinTechファンド等への出資

清水銀行はＳＢＩグループのファンドを通して、さまざまなFinTech企業に出資をしております。これらのファンドへの出資により、FinTech企業数百先とのパイプが生まれ、最新のテクノロジーに関する新たな領域の情報をいち早く入手することが可能となりました。

そして、出資先のFinTech企業の新しいサービスを実際に当行のラインナップに加えております。FinTech企業との提携を行いお客さまを支援している具体的な事例を３つ紹介します。

１例目は、ＢＡＳＥ株式会社です。同社は、コストを抑えたＥＣサイトの立ち上げ、運営を行い、オンラインによる販路拡大に向けた課題解決を支援するFinTech企業です。

ＩＴ人材の確保や運営コストなどへの不安から、ネットショップ販売領域に参入できないお悩みをもつ地元のお客さまに対して、当行が同社のシステムやスキームを紹介し、オンラインによる販路拡大のお手伝いをしております。

２例目は、株式会社トランビです。同社は、事業の売り手と買い手をインターネット上でマッチングするＭ＆ＡのサイトをE運営するFinTech企業です。当行の事業承継、Ｍ＆

Aを希望する地元のお客さまに対して、同社のプラットフォームを紹介、活用することで、マッチングの効率化と成約が難しい小規模な案件を希望するお客さまのニーズにお応えしております。

３例目は、マネーツリー株式会社です。同社は、金融データプラットフォームをベースとした資産管理アプリを提供するFinTech企業です。個人のお客さまが保有する当行を含めた複数の銀行の口座情報のほか、証券会社等の証券口座情報、ポンタポイント等の各種ポイント情報、クレジットカード情報を一元管理することが可能であり、清水銀行アプリと連携することによって、お客さまの利便性の向上を図っております。

いずれの３社もファンドを通じた出資をきっかけに情報を入手し、当行がそれぞれのテクノロジーやノウハウを地域のお客さまに提供することによって、経営課題の解決や利便性の向上を目指しています。

清水銀行アプリ

２０１８年10月よりサービスインした清水銀行アプリについて紹介します。

インターネットを通じて、来店の必要なくインターネット支店の口座開設ができるほか、振込や振替、残高確認等を行えるインターネットバンキングの利用が可能です。

車のローンや教育ローン等、各種ローン商品の申し込みについてもアプリを通じて行えます。また、前述のマネーツリー株式会社と連携して、２０１８年12月に資産管理アプリ「一生通帳 by Moneytree」の提供を開始しています。

これが先ほど紹介したオープンＡＰＩの仕組みを活用し連携したサービスです。このサービスは、清水銀行の口座情報だけでなく、登録した他の金融機関の残高やクレジットカードの利用明細、ポンタポイントを含めた各種ポイントやマイルの残高等をいつでも確認することができます。

キャッシュレスサービス提供企業との連携

２０１９年7月に、LINE Pay、メルペイ、12月にはみずほ銀行が提供するJ-Coinと口座連携をしました。こちらは、リアルタイム口座振替サービスというシステムを活用し、いつでもどこでも各企業のキャッシュレスアプリに清水銀行の普通預金口座から、即時にチャージができる仕組みです。

お客さまが当行口座と連携することにより、各社の加盟店でＱＲコード決済ができるようになったほか、各社が実装している個人間送金も可能になりました。現金をＡＴＭから引き出す手間がなくなり、飲み会等の割り勘や遠く離れた友人・家族への送金が無料で可能になることで、お客さまの手間や負担が少なくなり、利便性が向上しました。お客さまのニーズをくみ取りながら、連携企業の拡充を順次検討しています。

FinTech企業との連携まとめ

前記のFinTech企業との連携については非常に画期的な事象です。金融機関だけでは生み出すことはできませんでしたし、FinTech企業だけでもサービスインすることができなかったと思います。これまで築き上げてきた地域金融機関としての信用・信頼にFinTech企業の素晴らしいテクノロジーが交わり、新たな価値が生まれたすごい瞬間だと思います。

銀行は他の業種に取って代わられたり、無くなるのではないかと新聞や雑誌で報じられることもありますが、時代の変化に対応せず、地域の声に耳を傾けなければ銀行のみならず、どんな企業でも淘汰されていく可能性はあると思います。

しかし、地域企業として、お客さまの課題に真摯に向き合い、お悩みに耳を傾け、課題解決に向けた取り組みを実践し続けていくということは、デジタルやＡＩには決して再現や理解ができない領域だと思います。

「Society5.0」においても、人間が中心の社会と定義されていますので、簡単で単純な業務をＡＩに置き換え、もっと付加価値の高い人間ならではの仕事をしていきましょうというメッセージでもあります。

これからの時代、コミュニケーションが希薄化するどころか、デジタライゼーションの進展によって、より質の高いコミュニケーションやサービスの提供が行われ、相手の立場になって物事を考える必要性がさらに高まってくると日々感じております。

地域のニーズにお応えし、お客さまに喜ばれ、役にたつために、変化、変革していくことが冒頭に述べた、ＳＤＧｓの持続可能な社会の実現につながると感じております。

これからも、地域に密着した企業活動を展開していくなかで、将来、皆さんと立場は違うかもしれませんが、地域のために一緒に、連携して仕事ができることを願っております。

今、世の中で起こっていることと銀行のサポート業務

海外進出

２０１９年11月６日　支店営業部次長　佐野洋輔

※書籍化にあたり加筆修正

新型コロナウイルスの影響

本題に入る前に、新型コロナウイルスについて触れておきたいと思います。

本来であれば２０２０年は東京五輪が華々しく行われ、輝きに満ちた年になるはずでした。しかし新型コロナウイルスがアジア、そして欧米で猛威を振るい出すと、３月11日世界保健機関（ＷＨＯ）のテドロス・アダノム事務局長は「パンデミック」との認識を示し、24日には五輪の１年延期が決まりました。

政府は４月７日首都圏など7都府県に緊急事態宣言を発令し、４月16日には全都道府県へと拡大しました。５月25日に全国で緊急事態宣言は解除されましたが、第二波、第三波が心配されています。

新型コロナウイルスの影響で、製造業のサプライチェーン（供給網）が寸断されていま

す。東日本大震災とリーマン・ショックが相次ぎ襲ってきたかのような衝撃が世界に広がっているのです。

東京商工リサーチが中小企業を対象に2月28日に実施した調査（有効回答1７４社）によれば、約４割が「サプライチェーンに支障」が出ているとしました。「中国で建材生産がストップし、メーカーに発注しても入荷せず工事が遅延」（建設業）、「住宅部材の調達難で工事が完工できず、引き渡しができない案件が出ている。顧客との契約で損害金を支払う可能性も」（マンション開発）など、建設・不動産業界にも影響が広がっています。

このように新型コロナウイルスの影響により、さまざまな業界で影響が出ている状況です。

海外ビジネス環境のみならず、外出自粛や海外への渡航制限によって、人々の生活や経済活動における価値観や前提条件も根本から激変しています。

そのような最近の大きな変化を踏まえ、アフターコロナを見据えながら、本題に入っていきたいと思います。

メニューは５つです。

1つ目は、地域課題とソリューションです。ここでは、静岡県が抱える課題、銀行が進めているソリューション営業について説明します。

2つ目は、企業の海外進出と地方創生です。海外進出がどのように地方創生に関わってくるのか説明します。

3つ目は、海外進出の目的です。なぜ企業は海外進出をするのでしょうか？　いろいろな角度から見ていきます。

4つ目は、銀行が企業の海外進出にどのように関わっているのかを説明します。

5つ目は、清水銀行の具体的な取り組み事例をステージごとに説明します。

静岡県の課題、魅力

静岡県は2007年をピークに人口が減少傾向にあります。

なぜ静岡県の人口は減少しているのでしょうか？

人口減少の要因の一つに転出超過が挙げられますが、なぜ静岡県に入ってくる人に比べて、出ていく人が多いのでしょうか？

次ページの表は静岡県が毎年実施している県政世論調査の結果です。静岡県が「転出超過」となる要因の1番が「やりたい仕事がないから」、次いで「希望する給与水準の仕事がないから」「東京や名古屋の方が収入を得られるから」と、1~3位までの理由は、仕事や収入に関するものとなっています。

転出超過の理由　「令和元年度県政世論調査」（静岡県）より

第１位：やりたい仕事がないから

第２位：希望する給与水準の仕事が少ないから

第３位：東京圏や名古屋圏の方が収入を得られるから

第４位：地震や津波が不安だから

第５位：郷土愛や地元志向が弱くなったから

☆１位〜３位までの理由が仕事・給与関係

静岡県の産業構造

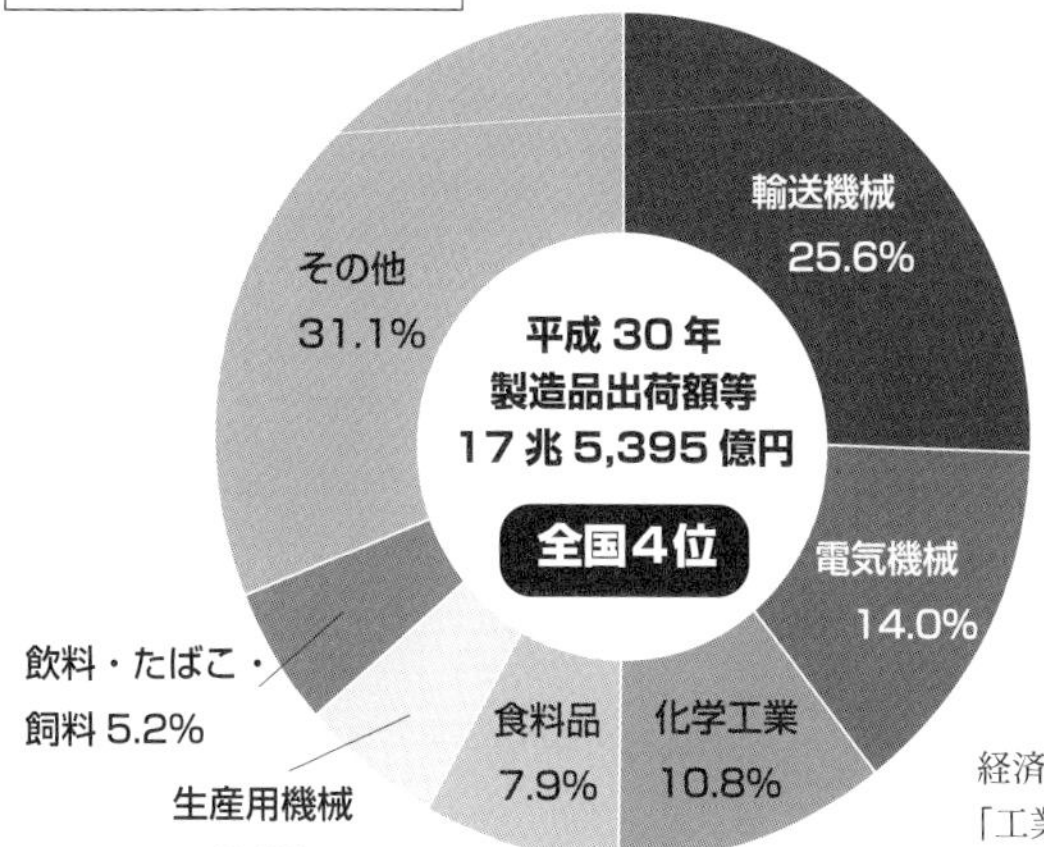

経済産業省・静岡県
「工業統計調査」より

では本当に静岡県には、やりたい仕事がないのでしょうか？　また希望する収入を得られないのでしょうか？

静岡県の産業構造を見ておきましょう。

静岡県は、「産業のデパート」と言われるように多様な産業群を構成しています。特に第2次産業の比率が他の都道府県に比べて高く、人口は全国の約3％なのに対して、製造品出荷額等は平成30年17兆5,395億円で約5・3％と全国4位です。

また静岡県は、幅広い分野で全国トップのシェアを占める製造品が多いことも特徴の一つです。全国シェア100％を占めるピアノをはじめ、医療用機械器具装置、錠剤やカプセル等の栄養補助食品、お茶やミカン、ワサビなど生産量や出荷額で全国第1位の工業製品や農林水産物を数多く有しています。

経営革新や新製品・新技術開発、販路開拓など新たな成長分野に積極的に挑戦し、成功を収めている地域企業も数多くあり、静岡県は日本経済をけん引する〝ものづくり県〟として非常に魅力ある県であることは間違いありません。

地域課題とソリューション

ビジネスにおいて、ソリューション営業とは、顧客とコミュニケーションを取りながら、顧客の抱えている問題やニーズをつかみ取り、その問題の解決策を提供する営業手法であり「課題解決型営業」と訳されます。

これまでは、顧客の要望・問題に合わせて自社の商品などを提案していくスタイルの営業（商品提案型営業）が主体でした。こうした営業スタイルは、あくまで顕在化している顧客ニーズに対応した商品やサービスを提供していくため、すでに明確化されている問題を解決していくことはできますが、潜在的なニーズを発掘することできません。そのため商品提案型営業は、ＡＩ等のシステムに代替されていく可能性が高まっております。

一方ソリューション営業では、顧客が抱えている問題を徹底的に考え、顕在化している問題だけでなく、潜在的ニーズに対してもアプローチしていきます。

ソリューション営業のメリットは２つあります。

１つ目は、複雑化したビジネスモデルに対応できることです。

顧客の立場にたって、悩みや課題に徹底的に向き合うことにより、顧客のビジネスモデル（状況）をしっかりと理解し、それに対応した顧客が真に必要とするサービスや解決策を提供することが可能となります。ビジネスにおける問題がますます複雑になってきている中、新たなテクノロジーを活用して仮説検証を行い、最適解を導き出すという手法も取り入れられています。

2つ目は、顧客とリレーション（信頼関係）が築けることです。インターネットでさまざまな情報が簡単に手に入るようになり、分からないことがあっても、検索サイトを使えば数分で回答を得られる時代になりました。ビジネスの現場で起こる簡単な問題は、ほとんど検索サイトが解決してくれるため、御用聞き営業は不要となりつつあります。その反面、信頼できる情報がどんどん分かりづらくなってきています。営業担当が顧客から信頼され「この人の言うことなら、信頼できる」と思ってもらえる関係を築くことで、より深度のある情報が共有化され、顧客も気付いていない課題の発見等につながっていきます。

企業に対してソリューション営業を進めていく上で、最近時銀行が心掛けているのは「事業性評価」です。

事業性評価とは金融機関が顧客企業の事業を「知り」「整理し」「評価」することです。従来の財務分析や担保評価では難しかった融資可能性を見いだし、「評価」までにとどまらず、金融機関内で情報共有するなどして本業支援などにその評価を「活用」することをいいます。

企業の海外進出と地方創生

次は、企業の海外進出と地方創生です。

下図にもあるように、国内経済の停滞や国内人口の減少等複数の理由から、日本の企業は海外進出を進めています。ただ国内マーケットを捨てて、海外マーケットに集中するのではありません。企業の海外進出は、海外が日本に目を向けるきっかけになり、結果的に地域活性化に結び付いていきます。

海外へ日本製品をアピールする方法は2種類あります。

1つ目は海外へ日本製品を輸出することです。これまでも日本の企業が得意としてきた手法です。

我が静岡県の特産品であるお茶を例にとってみます。

日本茶の輸出金額は、2005年の21億円から、2014年には66億円に、速報値ですが2019年は約100億円までに増加しています。国内消費は

海外進出と地方創生

①海外進出 ≒ 国内経済の停滞

【海外展開の理由】

➡国内事業の縮小？（＝モノを作っても売れない？）【モノ】

➡国内の雇用減少？（＝働く会社が倒産？突然解雇？）【ヒト】

➡国内消費の減少？（＝所得減少により購買マインド減退？）【カネ】

②海外進出が地域活性化

・海外に日本製品販売 ➡ 海外で国産品売上増加【モノ】

・日本の文化発信 ➡ 外国人客増加【ヒト】

・海外が日本に関心を持つ ➡ 外国人材の増加、国益アップ【カネ】

減少傾向にあるのに対し、輸出対象国は年々増加しています。輸出量全体の65％を占めるアメリカを中心に、２００４年の39カ国から、２０１９年には72カ国になっています。輸出が増えた背景には、日本茶の品質の高さや機能性が評価されてきた点が挙げられます。

世界無形文化遺産に登録された「和食」に最も合う飲み物という一面もあり、日本の食文化の代表である「和食」と「日本茶文化」を、一体的に世界に向けて発信しており、今後も海外での日本茶セミナーや試飲会などの啓蒙活動、学識者に対する日本茶の貴重な情報の提供等により、さらなる輸出拡大が期待されます。

２つ目は、国内にくる外国人向けのビジネス、すなわちインバウンドビジネスです。コロナ禍で、東京オリンピック・パラリンピックは1年延期となりましたが、訪日外国人は年々増加しております。１９９０年は３００万人でしたが、この30年で10倍に膨れ上がり、２０１９年速報値で３，１００万人を超える外国人が日本を訪れています。

外国人が日本に訪れるということは、宿泊施設や、各自治体で通訳等の人材が必要となります。また日本食をはじめとした飲食店にも足を運ぶことになるでしょう。

このように、訪日外国人が増加すると、各方面で需要が起こり、国内景気を刺激し、最終的には地域経済の回復、地方創生につながっていきます。私たちが住む静岡県も、訪日外国人を迎え入れるため富士山静岡空港や三保松原等、各地で整備が進められています。

企業の海外進出の目的

企業が海外進出をする目的について見ていきましょう。

次ページ上のグラフは、日本政策金融公庫が発表している「2020年の中小企業の景況見通し」の中小企業が抱える不安要素です。国内の消費低迷と人材不足が圧倒的に多いのですが、海外に関連する不安要素もいくつか入っています。海外経済の減速、為替の問題、取引先の海外生産進展などです。

一方、下のグラフは中小企業が今後強化していかなければならない分野です。こちらも営業・販売力の強化や、人材確保・育成など国内の分野が中心ですが、海外事業展開を挙げている企業もあり、前年比で増加しています。

では、なぜ企業は海外展開を進めていく必要があるのでしょうか？

静岡県は、県内に本社または主な生産、販売、サービス等の活動拠点を設置している企業を調査対象としてアンケートを実施し、『県内企業海外展開状況調査報告書』をまとめています。

海外展開の目的として一番多かったのが「現地市場の開拓」（回答の32・3％）、次いで「海外展開した取引先・親企業からの受注確保」（23・1％）となっています。5年前

中小企業が抱える課題

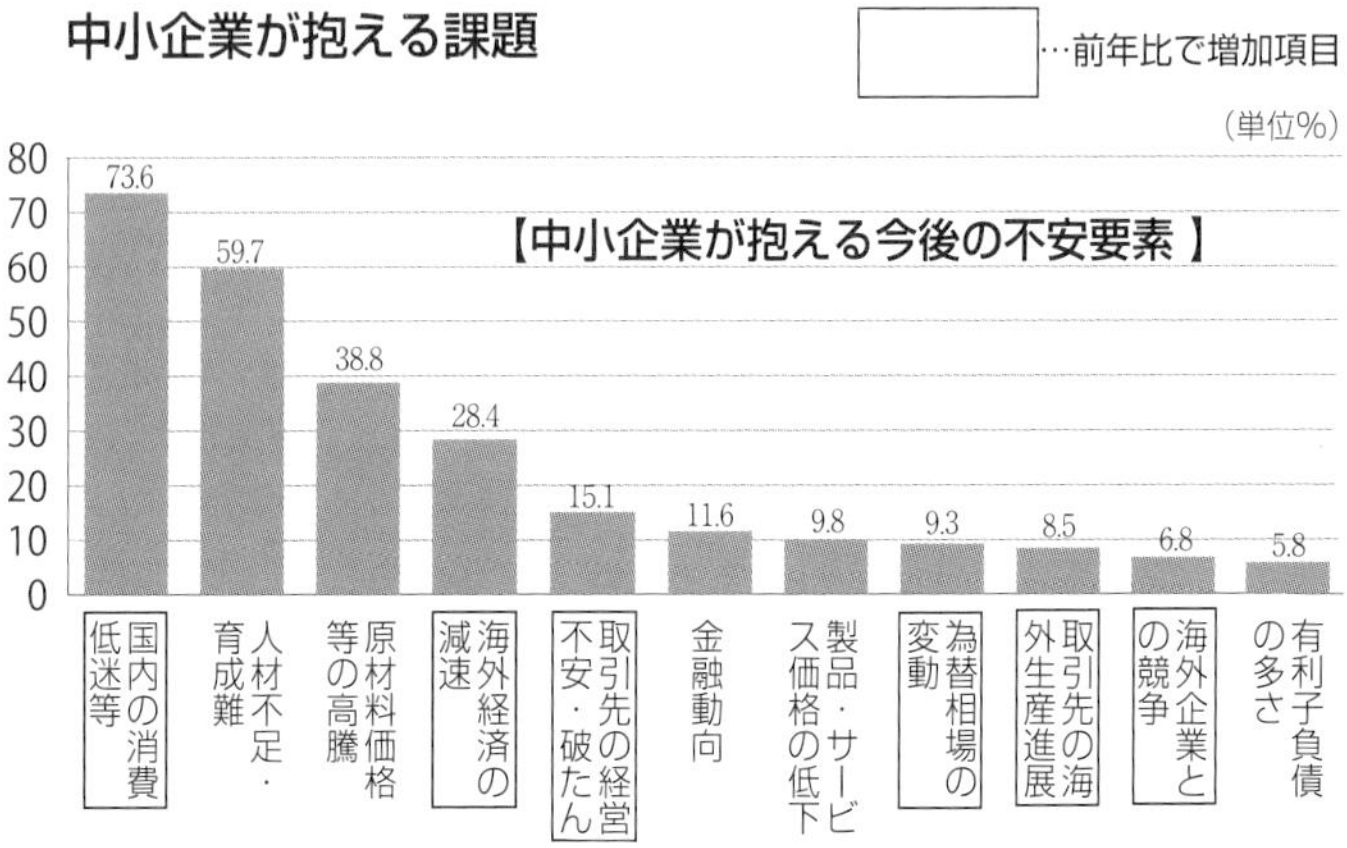

中小企業の強化分野

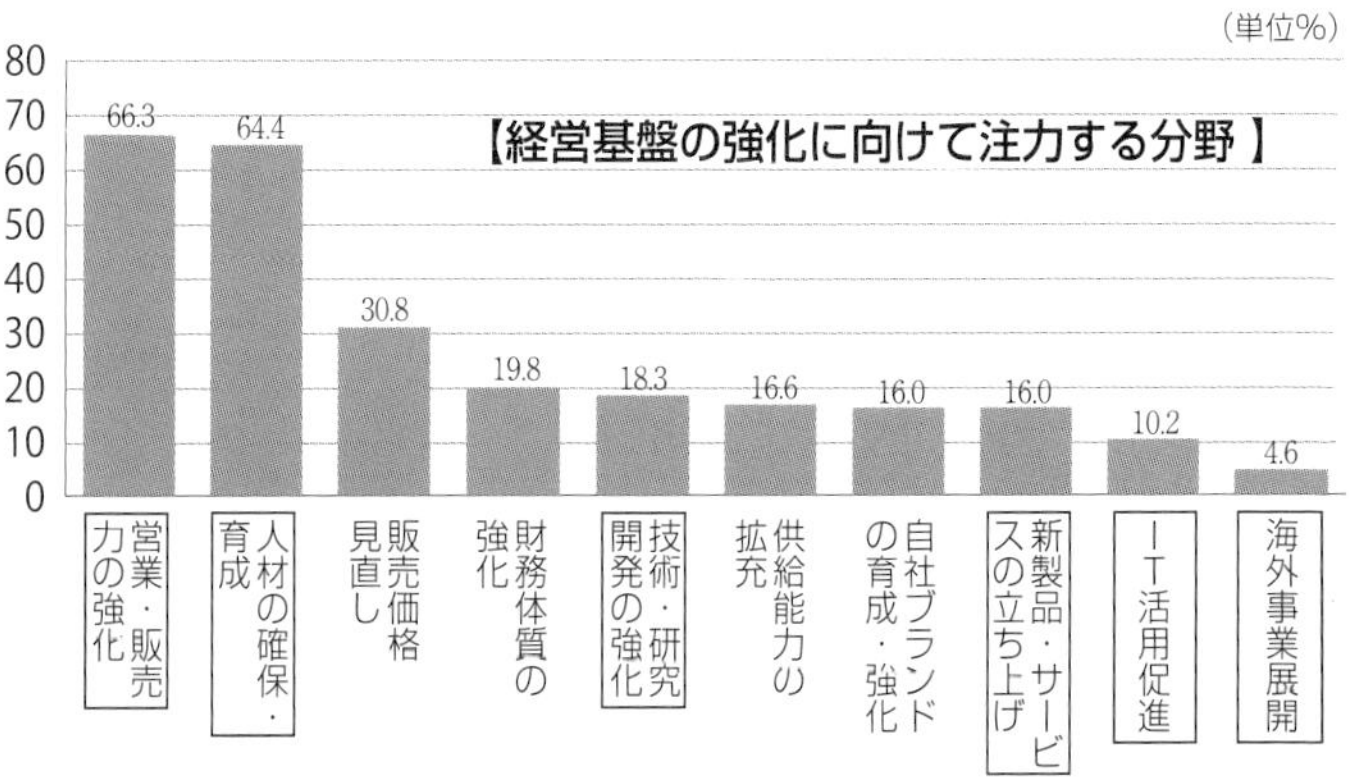

日本政策金融公庫「2020年の中小企業の景況見通し」より

海外進出の目的

（単位%）　平成31年静岡県内企業海外展開状況調査報告書（静岡県経済産業部）より

目　的	2009年	2014年	2019年
① 現地市場の開拓	29.4	31.1	⇗ **32.3**
②海外展開した取引先、親企業からの受注確保	21.0	22.7	⇗ **23.1**
③低コスト労働力の利用	16.4	17.3	15.9
④海外情報力の強化	14.5	12.7	⇗ **13.3**
⑤安価な原材料の確保	8.4	7.4	6.8
⑥ 現地技術の有効利用	5.0	3.9	3.5

の同調査と比較しても上記２項目は増加していますし、海外情報力の強化も増加しています。

それでは、県内企業が海外進出を行う目的であげた６つの理由を見ていきましょう。

①海外市場の開拓

やはり国内経済の縮小が大きな理由です。国内人口は減っており、それに伴う消費の減退が大きな理由と考えられます。海外マーケットを求めるのと、併せてインバウンドを取り込んでいくことも求められています。

②海外展開した取引先・親企業からの受注確保

これは製造業でよく見られます。海外進出をした受注先から「一緒に海外へ来ないか？　近くで製造した方が楽だし利益も出る」などと言われ、やむを得ず海外進出をする事例です。「来なければこれまで通りの取引を続けられない」「受注先を変更する」などと言われると、海外進出せざるを得ないのです。

ここまで直接的ではないにしても、このようなことは現実に起きている事象です。資金的に余裕がある企業ばかりではないため、結果的には、海外進出が資金繰りを圧迫し本業に悪影響を及ぼす事象も少なくありません。

③低コスト労働力の利用

全体では15％だった「低コスト労働力の利用」ですが、地域別では若干の変化が見えます。アジア地域では19・1％と、他地域と比べて低コスト労働力としての期待値が高く、労働力を理由に進出していることがうかがえます。ただし最近では、単なる低コストだけが理由ではありません。

皆さんの近くにも、留学生やバイト先で外国の方が一緒に働いていることがあると思います。日本語を流暢に話し日常生活に全く支障がない外国の方は増えています。日本国内の優秀人材の不足から、能力の高い外国人材を求めて海外進出をするということも増えています。

その他にも、**④海外情報力の強化**、**⑤安価な原材料の確保**、**⑥現地技術の有効利用**を理由としています。

このように日本の中小企業はいろいろな角度から海外進出が求められている状況なのです。

これまでは海外進出の目的を見てきましたが、海外進出に至るまでのもフェーズやカタチがあります。

段階ごとに海外展開のカタチを見ていくことにしましょう。

まずは、先ほども出てきた、①**インバウンドというカタチ**です。

インバウンド（日本への訪日外国人客）に関しては、２０１４年ごろから大きく伸び始め、昨年は3千万人を超えております。コロナの影響で今年は落ち込みが想定されますが、少なくとも東京オリンピック・パラリンピックを見越してさらなる増加が期待できます。

このフェーズでは、海外拠点は要りませんし、初期投資もあまり必要ありません。

次は②**輸出入というカタチ**です。

「ジャパニーズブランド」のブランド力の高まりもあり、日本製の商品や日本関連商品は海外でも人気が高まっています。昔から人気のある日本食も、ユネスコ無形文化遺産登録を機にその人気に拍車がかかっています。ここ数年、海外の日本食を提供するレストランの数は右肩上がりだというデータが出ています。農林水産省の資料によれば、アジアの日本食レストランの店舗数は、２０１５年から２０１７年の2年間で約２万４千店舗増加したようです。

またここ10年間で成長目まぐるしい分野は日本酒をはじめとする酒類です。日本酒の輸出額はアジア中心に上昇中であり、平成22年から29年まで8年連続で過去最高を更新しているとのデータが農林水産省から発表されています。海外の歴史ある酒の品評会でも日本酒部門が創設されるなど、海外での日本酒人気の高まりがうかがえます。

このフェーズも海外拠点や初期投資の観点では①と同様ですが、代金回収のリスクが発生します。

続いて③**の業務提携というカタチ**です。既に海外進出している企業との協業パターンです。海外新興企業に技術指導したいという理由等から合弁会社を設立していくカタチです。

このフェーズでは海外パートナーと結ぶ際の出資金等初期投資が必要となるケースもあります。

最後に、④**現地法人を立ち上げるカタチ**です。海外進出の最終形態ともいえます。

このフェーズは、現地に事務所を設けたり、工場を新設したりと投資が大きくなります。日本から送る責任者等の人材も必要となります。

海外進出の際、国内ビジネスとの違いを理解しておかないと、小さいミスから大きな失敗につながり多額の損失を被る可能性があります。

例えば、ＡＳＥＡＮへの飲食店進出は外資規制が厳しいことを知っておく必要があります。下調べを十分に行わないまま進出計画を立て、現地法人設立や出店の際に、許可が下りなかったり法令に違反してしまったりと、計画通り進まずに失敗してしまう企業も少なくありません。

『よくある失敗事例①』

「独自資本で進出する予定だったが、現地資本との提携がないと進出できないことがわかり、慌てて現地パートナーを探した」

独自資本で進出する予定でいても、国によっては認められず、思い通りの経営ができない場合や、良いパートナーが見つからず計画に遅れが出てしまう場合があります。

例えばシンガポールは、参入にあたっての規制はなく独自資本のみでの進出が可能です。一方、近年関心が高いタイの場合、さまざまな規制によって外国企業は50%程度しか出資できません。ただし、日本は２００７年に締結した日タイ経済連携協定（ＥＰＡ）により、一定の条件を満たせば60%まで出資が可能です。残り40%は現地資本が必要のため、現地ビジネスパートナーとの連携が必須となります。

『よくある失敗事例②』

「資格を取得した従業員が他社に引き抜かれてしまった」

せっかく教育を行い、資格を取得させた現地従業員が、もっとよい条件を提示した他社に引き抜かれてしまうことがあります。特に〝日本料理店で資格を持っている〟ことが大きなステータスとなるため、引き抜きの声も多いようです。これを防ぐのはなかなか難しいですが、従業員の研修を日本で行うなど、愛社精神を持ってもらい、離職を防止している企業もあります。

従業員が資格を取得しなければならない国は多く、シンガポールの場合、スタッフは食品衛生資格を取得し監督官庁に登録しなければいけません。ほかにも、イスラム教を国教とするブルネイの場合は、出店に際し原則ハラール認証を受ける必要があります。認証のためには各店に少なくとも2名のハラール監督者（イスラム教徒）を雇用しなければなりません。なお、ハラールではないレストランの場合は別途、免除申請が必要となります。

『よくある失敗事例③』

「日本人中心で店舗運営するつもりが、現地人も雇う必要が出てきて、人件費が膨らんでしまった」

外国人労働者とは〝現地から見た外国人〟であり、主に日本から派遣するスタッフを指します。外国人労働者の雇用は多くの国で可能ですが、それぞれ条件がついているので注意しなければいけません。国によっては短期出張者による技術指導であっても許可が必要であったり、日数に制限がかかったりする場合があります。

例えばタイでは、就労ビザを延長するには外国人1人につきタイ人を最低でも4人雇用しなければならないと定められています。店長とシェフなど日本人スタッフを2人置く場合、タイ人8人の雇用が求められます。これにより必要以上に人を雇うことになり、人件費が計画より膨らんでしまうことがあります。

このような違いから海外進出する際、主に注意すべき3つのポイントをあげ、その課題と解決策を紹介します。

①情報不足の問題

現地に進出し、実際にモノを売り始めてから売れるかどうかが分かる、というのでは当然リスクが高すぎます。そのため事前に現地の情報を集める必要があります。

しかし中小企業が、自分たちに必要十分な情報を収集することができるのでしょうか？

➡海外現地の情報収集という問題を解決する方法としては、海外調査エージェント・コンサル会社に委託するという方法や、JETRO（日本貿易振興機構）などの公的機関の情報を活用する方法があります。

②コミュニケーション・言語の問題

海外に進出する際にもっともよく挙げられる一般的な問題として言語の問題があります。ビジネスの際にコミュニケーション面で困難があることはとても大きな問題です。日本から海外に進出する際には、現地で日本語が分かる地域はほとんどありません。英語であれば多くの地域で通じますが、日本人は基本的に英語が話せる人が少ないため、こうしたコミュニケーションの問題が真っ先に想像されるでしょう。

➡こちらの解決策としては、現地の有能な外国人材を活用する方法や専門の翻訳会社と連携する方法が挙げられます。

③ 商習慣の問題

海外進出をして海外でビジネスを成り立たせるには消費者に届ける店舗など窓口が必要です。初めて海外に進出する際には、商品やサービスの認知度がゼロの状態から始めることになります。当然販売経路も現地の卸会社や小売店、代理店など協業先もない状態のため、日本企業が海外で営業活動を行うためにはこれら現地企業とのネットワークは不可欠なものとなります。

現地企業の担当者とのネットワークを手に入れるためには、現地企業の情報を調べ、実際にコンタクトするというステップが必要となります。このプロセスを日本企業の担当者が一から始めることは大きなハードルがあります。

➡この問題の解決策は自社の社員が長期間現地に渡りネットワークを構築するか、自社の現地法人を立ち上げて本格的に営業活動を行うという選択肢が考えられます。しかし当然この方法は現地で社員を雇用するための費用や、法人設立に関わる費用や手間が発生します。中小企業にとってハードルは高いかもしれませんが、海外コンサル会社の活用等で初期投資を抑えることができます。

金融機関による海外進出支援

銀行は企業の海外進出にどのように関わっているのでしょうか？　金融機関による海外進出支援の取り組みについて説明します。

1つ目は情報発信のサポートです。

取引先を集めて海外進出に関するセミナーや勉強会を実施しています。内容は、なるべくタイムリーな事象について行うことが多いです。また銀行単独ではなく、後ほど紹介するSIBA等と連携して開催することもあります。

2つ目はビジネスマッチングです。

清水銀行は2017年7月にタイのバンコクに駐在員事務所を開設しました。タイの現地情報の提供、現地視察のアテンド、外部機関の紹介、取引先とのマッチング等、お客さまへのサポートをしています。

他にもタイで活躍されている静岡県内の企業と、全国の金融機関の取引先を集めて、日系企業間の情報交換の場を提供し、ビジネスにつなげていただくことを目的として交流会も開催しています。また台湾のバイヤーを招致して、個別商談会を開催し取引先の海外進出の可能性を探っています。

3つ目は銀行の本業である金融支援です。

ここでは3種類の金融支援について紹介します。

① 輸出に関する支援

国内企業が海外企業に自社製品を販売した場合、代金を回収することになります。代金が日本円ではなく外貨で支払われた場合、換金＝両替が必要となり、ここで金融機関の登場となります。また逆のパターンも考えられます。海外から商品を仕入れた場合、海外企業に支払いが生じます。この場合、外国送金として送金手続きを行います。この場合も金融機関を介して行うことになります。

② 融資に関する支援「親子ローン」

海外に現地法人を所有している国内企業をイメージしてください。海外現地法人が「工場を新たに建設したい」とか「支払資金が必要」だと、国内の親会社に打診してきた場合です。金融機関が直接、海外現地法人に融資できれば簡単ですが、各国毎規制があり簡単ではありません。この場合、金融機関がまず最初に国内の親会社に融資します。その融資金を、親会社が海外現地法人に貸付します。これを親子ローンといいます。子供の現地法人が、親会社に返済していくことになりますのでこのような呼び方をしています。

③ 融資に関する支援「スタンドバイ・クレジット」

先ほどと同じように親会社と海外現地法人をイメージしてください。

先ほどと違うのは、海外銀行が増えていることです。この事例は親会社からではなく、海外の銀行が現地法人に融資しています。この場合、親会社から保証をもらうことで国内銀行が、海外銀行に「この会社は親会社がしっかりしているから、現地法人に融資しても大丈夫です」という信用保証状を発行します。それに基づき、海外銀行は現地法人に融資するというスキームです。これをスタンドバイ・クレジット（スタンドバイＬＣ）と呼びます。このスキームのメリットは、主に２つあります。

「国内の親会社の財務体質を改善できる」

海外現地法人が国内の親会社から資金調達をすると、親会社は海外現地法人へ長期貸付をするほか、日本の金融機関からの長期借入が必要になることがあります。スタンドバイ・クレジットでは海外現地法人が直接資金調達を行うため、国内の親会社のバランスシート（貸借対照表）がスリム化でき、経営指標の改善が期待できます。

「為替リスクを回避できる」

国内と海外で資金のやり取りをする場合は、為替の変動リスクが生じます。しかしこの制度を利用すれば、現地通貨で借入できるので、現地の事業活動で得た資金をそのまま返済に当てることができます。そのため、資金調達にかかる為替リスクを回避することができ、予期していなかった損失を生むリスクも少なくなります。

４つ目は、静岡県海外展開支援ネットワークです。

静岡県では県内中小企業の海外展開支援を行うために、銀行、市、商工会議所とＳＩＢＡ（静岡県国際経済振興会）がネットワークを構築し、連携・情報共有をしています。ホームページでは、県内の海外展開支援機関の担当窓口や支援メニューを一覧でき、イベントカレンダーで、県内で実施される海外ビジネス関連のイベント情報も得られます。

清水銀行の取り組み事例

清水銀行の具体的な取り組み事例について説明します。

１つ目はインバウンドへの取り組みです。

現在ＡＳＥＡＮ諸国は経済と市場が急成長しています。域内人口は６億人を突破しＥＵ

（約5億人）をしのぐほどになっています。その中でも、いま注目を集めているのがシンガポールとマレーシア、インドネシアの3カ国です。共通する特徴はイスラム教徒（ムスリム）の多い国ということです。

イスラム教では豚やアルコールなどハラーム（不浄）とされるものを口にすることが禁じられています。また、牛肉や鶏肉もルールに従って殺処理されたものでなければなりません。そのため、流通する食品には「ハラール（不浄じゃない）」であるという証明が必要になります。

つまり、ムスリムの多い国に食品などの輸出や、飲食店の展開を行おうとした場合には、「ハラール」に準じていることが重視されます。東南アジア諸国の経済と市場が成長してきたからこそ、「ハラール」の重要性が高まっています。逆に、ハラールへの対応が不十分であれば、農水産物や食品の輸出において、大きな障壁となります。

この考えは、実は日本の食文化に通じるものです。日本の食は世界で最も清潔で、健康的で、環境に配慮しているもの。さらにこれらの国々が親日であることを加味すれば、日本の食が市場に受け入れられる可能性は大いにあります。

2つ目は、ビジネスマッチングの取り組みです。

ある有力なタイのバイヤーを日本に呼んで、一日かけて清水銀行の複数の取引先を訪問し、タイ国内での販路拡大を模索しました。

1社目は和牛。タイでは富裕層向けに和牛が人気であり、当日は山形牛、宮崎牛、鹿児島牛を提案しました。

2社目はイチゴ。静岡で有名な石垣イチゴの章姫と紅ほっぺを紹介しました。

3社目はマグロ。タイでも多く流通しているマグロは赤いものほど人気があるという信じられない事実も判明しました。

逆に、タイで養殖している、日本では流通していないエビを日本に輸入しないかとの提案も受け、日本での新たなビジネスチャンスを創出しました。

3つ目は、現地法人との連携の取り組みです。

浜松の方はご存じかと思いますが、「うなぎ徳」です。明治42年創業のウナギ料理の老舗で浜松を中心に国内で複数店舗を経営しています。同社は、日本食がブームになっているタイのバンコクに現地法人を設立し日本食を発信しています。

2014年のタイ国内の日本食レストラン数は2，274店でしたが、4年後の2018年には32％増の約3千店に拡大しています。

この事例はタイ国内で日本食を発信するだけにとどまらず、「うなぎ=浜松」を喚起し、外国人を静岡へという、インバウンド効果につなげています。

同社の場合は、現地タイ人が2％出資し合弁会社とすることで、タイ現地のノウハウを活用した事業を展開しています。タイ人を組み入れることで現地の流行把握も可能となっています。

４つ目は、現地法人への融資対応です。

東南アジア地域の需要増加に対応するため、タイにあるバンコク駐在員事務所と連携して取り組んできた事例です。自動車部品製造業Ｃ社は、さらなる東南アジアでの市場開拓を図るために、タイに新工場の建設を計画していました。

土地の情報提供から始まり、事業計画の策定、融資支援に至るまで、サポートさせていただきました。融資支援に関しては、国際協力銀行と連携して、スタンドバイ・クレジットを実行しました。

海外進出といっても企業によって目的やカタチはさまざまです。中小企業の海外進出に際し、銀行がどのように関わっているか、ご理解いただけたでしょうか。

新型コロナウイルスの影響で、今年以降の企業の海外進出のありさまは大きく変わる可能性があります。それでも「企業を支援することで地域の発展に貢献する」という地方銀行の本質は変わりません。そのために、今後も企業が必要とする支援を継続していきます。

今、世の中で起こっていることと銀行のサポート業務

事業承継・M&A

２０１９年11月13日　　支店営業部次長　加藤高志
※書籍化にあたり加筆修正

コロナの逆境に打ち勝つために

新型コロナウイルスの世界的な感染拡大の影響で、日本全国に緊急事態宣言が発動され、静岡県内でも外出自粛等により経済活動が大幅な制約を受けています。

２０２０年3月時点で、中小企業の92%が、新型コロナウイルスによって「すでに経営への影響が出ている」「影響が出る懸念がある」と回答するなど、大企業に比べて経営体力のない中小企業への影響はとりわけ大きくなっています。

そこで政府は、地域の核となる事業者が倒産・廃業することがないよう、官民連携のファンド「中小企業経営力強化支援ファンド」を8～9月に設立する予定です。令和2年度第2次補正予算案で５００億円規模を計上し数百社に出資します。また中小企業基盤整備機

構がファンドに出資し、民間金融機関からも出資を募ります。

製造業やサービス業等で地域経済に欠かせないものの財務力に劣る中小企業を政府の資本注入で支え、財務が安定すれば民間金融機関の融資を呼び込むとしています。

このように、政府は大規模かつ徹底的に企業の資金繰りを支援していますが、もともと中小企業の間では後継者の不在による事業継続が危惧されていました。

感染拡大の長期化も予想されるだけに、こうした中小企業が苦境に耐えていく気力をつなぐためには、正常化した後の展望を示すことが重要になってきます。

新型コロナウイルス流行もいつかは終息します。その後、V字回復や事業活動の正常化へ転じるためには、明確なビジョンを持った経営者や、それを達成するための経営資源がなくてはなりません。

新型コロナウイルスの影響の中でも、逆境をチャンスと捉え、積極的なM&A戦略により、事業規模を拡大しようとしている企業が多数あります。

数年後に廃業を考えていた企業が、新型コロナウイルスの影響により前倒しで廃業を検討し、交渉からスムーズに合意に至るケースも増えています。

積極的な展開を図る譲り受け企業側の特徴としては、40代といった比較的若い代表者が多いことが挙げられます。

後継者難の中小企業127万社

中小企業は、小規模事業者とともに雇用の約7割を占めており、日本経済の屋台骨となっています。しかしながら中小企業の休廃業・解散件数は増加傾向にあり、2018年は約4万7千件と、5年前から1万件以上増加しています。また、倒産件数は8千件程度で推移しています。

静岡県内では、2019年の廃業件数が712件、倒産件数は206件でした。

後継者のいない中小企業は、全国で127万社にも上るといわれています。

M&Aを通じた第三者への引き継ぎは、後継者のいない中小企業にとって事業承継の重要な手法の一つですが、成立件数は年間4千件程度というのが現状です。

M&Aを通じた第三者への引き継ぎが少ないことは、後継者問題を抱えている中小企業の意識の潜在化による引き継ぎ企業探しが圧倒的に少ないことに加え、経営者にとってM&Aが身近でなく、他者に売ることへの抵抗感が根強いことが理由と言われています。

仲介手数料や仲介業者など、M&Aに関する情報が不十分で、経営者を躊躇《ちゅうちょ》させていると考えられています。

生産年齢人口の推移

（単位：万人）

	14歳以下人口	15〜64歳人口	65歳以上人口	総数	高齢化率
1970	2,515	7,212	739	10,466	7%
1980	2,751	7,883	1,065	11,699	9%
1990	2,249	8,590	1,489	12,328	12%
2000	1,847	8,622	2,201	12,670	17%
2010	1,680	8,103	2,925	12,708	23%
2020	1,457	7,341	3,612	12,410	29%
2030	1,204	6,773	3,685	11,662	32%
2040	1,073	5,787	3,868	10,728	36%
2050	939	5,001	3,768	9,708	39%
2060	791	4,418	3,464	8,674	40%

（出典）2015年までは総務省「国勢調査」（年齢不詳人口を除く）、
2020年以降は国立社会保障・人口問題研究所「日本の将来推計人口（平成24年1月推計）」（出生中位・死亡中位推計）

事業継続のためのM&Aを

２０２０年３月、経済産業省は「事業引継ぎガイドライン」を抜本的に改訂した「中小M&Aガイドライン」を公表しました。

M&Aに二の足を踏ませている原因を知見の不足とみて、さまざまな種類の中小企業のM&A事例を提示し、M&Aを行うにあたって確認すべき事項（手順や契約書類、手数料金額の目安）や、困った時の「駆け込み寺」の設置、セカンドオピニオン取得の推奨といった形で、多くの中小企業にとってM&Aを身近なものとするように配慮しています。

今後は、M&Aへ取り組む際のハードルをいかに下げるかが課題となってきます。

ソリューション担当として、中小企業の経営者には、事業継続のためにぜひM&Aを積極的に捉えてほしい、と思っています。

生産年齢人口の推移をみても市場の縮小は必至であり、将来の業界再編が不可避な状況です。労働力・消費の中心となる人口の大幅な減少から、業界再編をキーとしたM&Aがますます必要となっていきます。

10年前の譲渡理由は、事業承継問題が9割近くでしたがこれからは業界再編、成長戦略、政策・規制の変更、労働力不足、事業環境の不確実性等を解決するためのM&Aが一つの選択肢として重要になってきます。

経営者の意識・理解も課題

後継者問題について社長にお話しすると、少し前までは「もう俺にやめろと言っているのか」等、否定的な反応が多くありました。

実際に、80歳以上であっても「自分はまだまだ若く、後継者問題について考えるのはまだ早い」と考える社長もいらっしゃいます。しかし、後継者の息子さんや奥様は心配しているケースが多く、また、そういう会社ほど、社長の頑張りにより会社の株価評価が高くなっており、引き継ぎに課題が残ります。

しかし、最近では新聞やマスコミでも後継者不在の問題、事業承継の重要性が日々取り上げられているため、ニーズの確認を行いやすくなっています。

2015年時点で、今後10年で平均引退年齢である70歳を超える中小企業・小規模事業者の経営者は約245万人に増加するといわれています。そのうち約半数の127万社が後継者未定となっており、放置すれば2025年頃までの10年間で累計約650万人の雇用、約22兆円のGDPが失われる可能性があるとの見通しです。

後継者未定の理由として、127万社のうち22・7%が「後継者候補が承継を拒否」、そのうちの59・8%が、「経営者保証」を理由に事業承継を拒否しているとしています。経営者保証を事業承継時のネックとしない対応として、令和2年4月より、事業承継時の経営者保証解除に向け「経営者保証コーディネーター」が各都道府県へ配置されました。

事業承継に関する重要事項

オーナーは最終的に、会社の譲渡先を左脳（理屈）でなく右脳（ハート）で決めています。オーナーは「どんな会社に売るか」でなく「どんな人物に売るか」を重要視するためです。だからM&Aは、オーナーと心のつながりのある地域金融機関が強みを発揮できる分野であり、やるべき使命です。

事業承継とは、次世代の後継者に事業経営の権利や財産、経営者の意志を引き継ぐことであり、最も重要なのは、いかにして経営者と後継者との間で「十分なコミュニケーション」を取ることのできる仕組みを構築するかです。

そのための一つのツールとして「事業承継計画」があります。

「事業承継計画」の策定方針

①何をどのように策定するか

意思の承継→経営理念、ビジョン、基本方針

財産の承継→株式、財産の移転

経営の承継→後継者教育

②スケジュールの策定

会社の中期経営計画を策定することと同一

一年ごとに具体的に実行することが可視化される

③経営者、後継者、親族のコミュニケーションツール

相続を含めた意思の統一ができる

事業承継計画の中で考えていくこと

「基本方針」ビジョン、全体の方針、後継者は誰、スケジュール、歴史に始まり、会社で作成している事業計画から数値計画の策定
「時期」現経営者の年齢・役職、後継者の年齢・役職
「関係者の理解」家族会議、社内外への発表
「後継者教育」後継者を育てる
「株式、財産の分配」「持株」を計画的に実行
「後継者教育（社内・社外）」経済団体青年部など
「持株」計画的に過半数の所有を目指す
「補足」遺留分を考慮し揉めない相続

事業承継時までに行っておくべき対応

①法人と経営者との関係の明確な区分、分離（後継者との協力による改善）
②財務基盤の強化（会社の磨き上げ、専門家の支援を受けることも可能）
③財務状況の正確な把握（経営者と後継者との間の認識共有）
④適時適切な情報開示などによる経営の透明性確保（債権者との認識共有）

事業承継はかつて親族内承継が9割を占めていましたが、最近では親族外承継が3分の2を占めるまでになりました。

静岡県内の60歳以上の経営者のうち、5割強は将来的な廃業を予定していると回答。廃業予定の理由の3割が後継者不足とされています。

親族など身内を中心に後継者が決定している企業がある一方、小規模企業や業績の振るわない企業では、後継者の確保が困難といった状況が浮かび上がりました。

事業を継続したいと考えていても後継者が見当たらない等、事業承継に関する課題は多く、年々状況は深刻化しています。

準備期間は5年から10年

倒産件数は、8千件台で推移していますが、廃業件数は2017年が4万件、2018年が約4万7千件と、年々増加しています。

金融機関や事業引継ぎ支援センター、士業等、公的機関と民間機関がタッグを組んで、事業継続に向けた取り組みを強化していますが、追い付いていないのが現状です。

事業承継には、後継者の育成や事業・資産の引き継ぎ等に長い時間を要するため、計画的な取り組みが必要となります。後継者の育成には5年以上を要するといわれ、その他、先代から後継者への自社株式の取得に伴う相続税や贈与税の負担、債務や事業承継後の資金繰り等さまざまな問題が絡んできます。実際に、社長の座は譲れても、経営権の裏付けとなる株式の引き継ぎや個人保証や担保提供の交代が円滑に進んでいないケースが多くあります。

それらを考慮すると、準備期間は最低でも5~10年程度は必要で、中小企業経営者の平均引退年齢が70歳前後ということから逆算しても、遅くとも60歳頃には準備に着手しておきたいところです。

親族承継の注意点

親族承継を行う場合の注意点としては、親がずっと実権を握っているようではうまくいかないことが挙げられます。

創業者にとって、会社は自分の子供のような存在で、従業員は家族。いい時も苦しい時も、命をかけて守り育ててきたものです。

創業者が事業から離れるのは痛みを伴いますが、次の生きがいや収入源をみつける必要があります。↓ハッピーリタイア

後継者の選定について、誰を後継者にすべきか、また、適任者が見つからない場合、事

業の譲渡や売却といったＭ＆Ａまで踏み込んでいくべきかなど、自分の考えだけでなく、第三者の視点を取り入れることで、選択肢が広がる可能性もあります。

Ｍ＆Ａの意義

大手は事業拡大のため買収の戦略を取る企業が多く、中小企業は厳しい競争に負けないため大企業の傘下に入ることで生き残る成長戦略型などの資本提携を進めています。

地域金融機関は廃業を止めるためにも、事業承継を考える企業からファーストコールが来るように、日ごろから企業に情報発信していかなければなりません。

多くの経営者がどうすれば生き残れるか、今何をすべきか、会社の継続はしていけるのか、について悩んでいる状況ですが、すべてを一度に解決できる方法はありません。いつ何時危機的な状況があったとしても耐えうる体力をつけておくことが、企業にとって重要です。しかし、すでに体力が限られている企業については、何とか資金をやりくりして乗り切りたい、助けを請うより自助努力でなんとかしなくてはと考えている経営者が多いことも事実です。

体力が乏しかったとしても、事業に何らかの魅力があれば再生型Ｍ＆Ａ（合併・買収）

や再生型の廃業手続きを経て事業や雇用を残すことも十分に可能です。

事業承継はタイミング

事業承継とは、次世代の後継者に事業経営の権利や財産、経営者の遺志を引き継ぐことです。法人は永続的な存在である一方、経営者には寿命があるため、事業承継は、事業を営んでいれば必ず定期的に発生する経営課題の一つです。

事業引き継ぎがうまくいくかどうかの最も重要な要因は、タイミングです。タイミングを逃してしまうと不利な条件を飲まなければいけなくなってしまったり、交渉自体が流れてしまったりすることがあります。

経営者は事業承継対策を重要視せずに後回しにするため、事業承継診断を通じて気づきを与えることが重要です。事業承継の準備が遅れるほど、希望する条件に合った後継者を探すことが難しくなっていきます。

また、事業承継は家庭内の問題だという意識も、検討を先延ばしにしている要因であると考えられます。しかし、会社を存続させることは、家庭内だけではなく、従業員の生活や取引先との関係など、地域社会へも大きな影響を与えることなのです。

目先の受注や状況だけに捉われず5年先、10年先という長期的な視野で会社の今後を考える必要があります。

事業承継について、誰に経営や従業員の将来を託すのか、身内・外部の検討も含めて、具体的には経営者が自分で決心することです。

まずは経営者自身が決意を固めることからスタートすることになります。

親族内承継

可能な限り早い段階から、経営者と後継者との共同作業で、事業承継に向けた取り組みを始めた方が良いとされています。

経営者の想い、経営理念を共有することが重要です。子や親族への事業承継は、会社の所有と経営を一体的に引き継ぎやすいため、早期の取り組みによりスムーズな事業承継が期待できます。

◎メリット

・関係者にとって納得性が高い
・後継者の早期決定が可能
・長期間の準備が可能
・所有権（自社株）と経営権の一体引き継ぎが容易

◎デメリット
・親族内に適任者がいるとは限らない
・対象が複数いる場合、調整が難しい

親族が事業を引き継ぐのが当たり前だった30年前に比べ、現在の事業承継は多様化しています。

親族内承継は9割から3割程度まで減少しています。

従業員等への承継

従業員が後継者となる場合、経営者に近い場所で経営に関与してきた、いわゆる番頭さんにバトンタッチするケースが多いです。

◎メリット
・後継者候補を確保しやすい
・後継者の適性を見極めやすい

◎デメリット
・関係者に十分な説明が必要
・株式買取資金の準備が必要

・金融債務などの個人保証問題への対応が必要

第三者承継（M&A）

◎会社譲渡のメリット

・事業承継問題の解決

後継者が不在の企業が約3分の2あるなか、無理に子息に継がせて事業に失敗すれば、継がす不幸になります。この問題は、友好的なM&Aにより解決できます。

・企業の存続と発展

M&Aで上場企業など経営資源の豊富な企業のグループに加わることで、販路の拡大、円滑な資金調達など、自社の弱点を補うことができ、企業体質の強化を実現できます。

・創業者利益の確保

株式売却により築き上げてきた企業が存続していくという精神的な充実感につながるハッピーリタイアを可能にします。

◎会社譲り受けのメリット

・必要な顧客、販売拠点、人材、ノウハウなどを一括で取得できるため、収益がすぐに見込め、ゼロから事業を立ち上げる場合と比較して、時間とリスクがはるかに少なくなります。

◎会社譲り受けを行う目的

・業界内でのシェア拡大や、他地域への営業エリア拡大、自社営業の上流、下流進出、優良取引先の一挙増加、人材、ノウハウの短期な取得。

銀行は、オーナー・社長だけでなく、譲渡企業の従業員・取引先など関係者全員がハッピーになれる友好的M&Aをお手伝いしています。

事業引継ぎ支援センター

第三者に承継するM&Aは現在、親族内承継を抜き、事業承継の4割を占めています。事業引き継ぎの支援において中心的な役割を担っているのが、国が全国47都道府県に設置した事業引継ぎ支援センターです。

事業引継ぎ支援センターは、中小企業・小規模事業者の事業引き継ぎにまつわる相談に無料で対応し、成約に至るまでのバックアップをしています。民間機関を利用してM&Aを実行する際のセカンドオピニオンとしても活用可能です。

売り手、買い手を見つけているケースでは、成約までの手続きや契約書の作成などをサポート。士業などの登録専門家と連携しトラブルのない成約をバックアップしています。また事業引継ぎ支援センターに寄せられる売買ニーズの中から、候補先企業を紹介。遠隔地間のマッチングにも対応可能となっています。

平成30年度の相談件数は、約1万2千件、事業引き継ぎ成約件数も923件と年々増加しています。

成約した923件の譲渡企業の約6割は従業員数10名以下の規模の小さな企業です。

譲り渡し企業の想い

・全社員の雇用を継続してほしい
・地域のために店、会社を残したい
・現在の顧客に迷惑をかけたくない

譲り受け企業の想い

・優秀な人材を確保したい
・商売の幅を広げたい
・商圏を拡大したい

第三者承継の対象企業

事業引き継ぎは、従業員や取引先だけでなく、長年にわたり培った技術や事業、そして経営者の想いを次世代に引き継ぐ、事業承継の新たな選択肢として浸透しつつあります。

M＆Aでは、譲渡価格の目安とするために、企業価値を具体的な数値で算定し評価を行います。

企業価値を評価する方法は大きく分けると次の3つがあげられます。
①時価純資産に着目したもの
②収益性に着目したもの
③市場相場に着目したもの
一般的に、中小企業・小規模事業者の企業価値を評価する方法は、時価純資産にのれん代（年間利益に一定年数を乗じたもの）を加えた方法が多く用いられています。

譲渡価格は、譲渡する側と譲り受ける側との交渉によって、最終的に合意した価格になります。

企業価値の評価額がそのまま譲渡価格になるわけではありません。

そのため、譲り受ける側の資産状況やM＆Aの緊急度や重要度によっても大きく左右されることになります。

【事例】　日本デジコム株式会社様

＊２０１９年３月期しみずミニレポート、新聞記事に掲載

・カタログギフトの販売を行う会社

グループ会社としてギフト部門を抱えるなど業務の拡大を図っており、有玉支店（浜松市東区）の渉外担当時代よりM&Aニーズを確認していました。

支店営業部ソリューション担当となったことで、事業引継ぎ支援センター、日本M&Aセンターの買い登録を実施しました。

一度日本M&Aセンターの譲渡案件を紹介し、着手金を払ってトップ面談までいくも、大手会社との競合の末、敗れてしまいました。

何としても顧客のニーズに合致した譲渡先を見つけるべく、改めて情報収集を開始。その後事業引継ぎ支援センターの定期会合で静岡県、東京都、神奈川県、千葉県、埼玉県が行っている情報交換会の譲渡案件紹介がありました。

常に買いニーズを意識していたことで1番手で情報をいただくことができました。。埼玉案件でしたが、2カ月という引継ぎ支援センター史上最速で、静岡県事業引継ぎ支援センターとして県外案件成約1号の案件となりました。

トップ面談で代表者同士の経営に対する姿勢、熱き思いが一致したのが最大の成約の要因と考えられます。

譲渡先は借入がない優良先。社名継続による事業の存続、取引先の維持、そして何よりも従業員22人の雇用継続を確保できたことが、地場産業の維持と静岡県の企業発展への貢献だけでなく、埼玉県の地方創生にも貢献できた案件となりました。

【事例】株式会社共立エコー（東京）様

・グループでビルメンテナンスの会社を所有

トップ面談時、システム開発の会社として競合他社との差別化を図るため、先端的なシナジー、取り組みをアピールしましたが、相手は清掃員のようなシンプルな部分の事業を行ってきた企業であり、専門的な話ではかえって何も伝わらず、競合した企業4社中4位の結果となってしまいました。

そこで作戦を考え、直筆の手紙でシンプルに引き継ぎたい思いを伝えました。これが見事に伝わり成約となりました。さながら、9回裏3点ビハインドの2死満塁ツースリーからの逆転満塁ホームランでした。

元々の日本デジコムグループのビルメンテナンス会社の方が、引き受けた企業より規模が小さいものの、思いが伝わり成約に至った貴重な成功事例です。

【事例】　株式会社ナニワ様

・株式会社ナニワ様×中村運送株式会社様

株式会社ナニワ様は関西出身の社長が立ち上げた運送業で、浜松市に本社、富士市に拠点があります。社長は、関東、関西方面での買収ニーズをもっていました。

当初埼玉県事業引継ぎ支援センターで運送業の譲渡案件を紹介し、トップ面談にいくも、見送りとなってしまいました。

その後当行の別会社へ紹介を行っていた県内の運送業を紹介しました。

地理的メリットを含めニーズに合致したため、トップ面談を5月に実施し、7月には成約に至りました。

休日に会社訪問など現地確認実施。成約後、従業員15名を前に本件経緯の説明会を実施したときには、さすがに「重大な決断に携わった」というかなりの緊張感が走りました。

引き続き社長は関西方面に錦を飾るための拠点を探しています

M&Aでは、シナジー（相乗効果）と今後の目指すべき、活用すべき経営のビジョンが見えているかが重要です。

【事例】　ヤマザキ・シー・エー株式会社様

＊新聞記事に掲載

有玉支店担当時代からニーズあり、本店取引先を通じて紹介いただきました。

本部のソリューション担当に赴任後、事業引継ぎ支援センター（県内案件、東京、千葉、神奈川、埼玉案件）と、日本M＆Aセンター（主に関東圏～愛知案件紹介）の買い登録を実施しました。

登録後、事業引継ぎ支援センターより譲渡企業の情報提供がありました。その企業の社長と専務は、創業者一族から会社を引き継いで経営をしてきましたが、後継者不足を理由に事業引継ぎ支援センターに相談をしておりました。

社長、専務、創業者一族の会社に対する思い入れは強く、先方の顧問会計士を通しながら丁寧かつ慎重に行った交渉は6カ月にもおよびました。

従業員の不安を解消するため、従業員説明会を実施し、買い手、売り手の会計士に譲り受けに至った経緯の説明をしていただきました。さらに、不安に感じる従業員がいれば買い手と随時面談できる体制としました。

成功のポイントは、株式上は親会社、子会社となりますが、買い手がパートナーという気持ちを大事にしてくれたことで売り手側の従業員にも安心していただけたことです。相手側の気持ちもくんだうえでの対応が非常に重要であることを実感しました。譲渡先は借入がない優良先というのも非常に大きいことでした。

この案件では、クイックレスポンスが評価されました。メインバンクは他行でしたが、日ごろから積極的に情報提供していたこともあり、清水銀行で実行していただくことができました。また、売り手側も新規の取引開始となっています。

M&A成約式では、花束と記念写真を写真立てとともにプレゼントしました。旧社長のあいさつでは、これまでの思いが募り涙を流されており、私ももらい泣きしてしまいました。旧社長が築き上げてきた会社の責任の重みを非常に感じ、身震いがした瞬間でもありました。

新社長は、これまでの歴史、会社の信頼、実績、従業員の重みを引き継ぐ覚悟を持って、新しい一歩を踏み出したように感じました。

基本的に譲渡は1回限りのことであり、その大事な承継に携われることに、この上ないやりがいを感じられた瞬間でした。

このM&Aを通じ、動いた分だけ情報は拾える、と実感しました。

また、地方創生に向けた取り組みとして静岡県の企業存続と発展に大きく貢献できたとも感じております。

先入観を持たない

一般的にM&Aは交渉の相手が見つかってから成約に至るまで、平均して8～10カ月といわれています。

社長同士のトップ面談はよくお見合いにも例えられ、どんなに事業が面白くても面談でのフィーリングが合わなければ、一瞬で破談になってしまうことがあります。

逆に感性が合う先であれば、2、3カ月でトントン拍子で成約に至るケースもあります。

なかには譲渡条件にこだわりすぎ、何年もお相手が決まらないケースもあります。

お相手選びのポイントとしては、決してこの先はここには合わないと決めつけないこと、先入観を持たないことです。

マッチングの確立としては、例えるなら野球で50打数1安打、100打数1安打程度の感覚です。

可能性のある限りマッチングの幅を広げることが、友好的M&Aの成功の可能性を高めると考えています。

事業引き継ぎ成功のカギは、後継者不在に悩む企業と、商圏の拡大や優秀な人材の確保を望む企業とのニーズの合致だけではなく、双方の経営者が互いに認め合える存在になれることです。認め合い、会社を託せる経営者との出会いによって、事業のみならず背景にある想いまで引き継ぐことができることこそ、事業引き継ぎの大きな魅力の一つなのです。

今、世の中で起こっていることと銀行のサポート業務

医療・介護

２０１９年11月20日　　支店営業部　豊島翔太
※書籍化にあたり加筆修正

なぜ金融機関は、医療担当者を配置するのか？

金融機関が、医療担当者を配置するのは、国が、医療・福祉・健康分野を成長分野と位置付けているからです。

成長分野とは、現在、成長している分野、今後成長が見込まれている分野という意味合いがありますが、単に自然体で成長していくということではなく、これから成長させなければならない、取り組んでいかなければならない分野のことを指しております。

国がアベノミクスのなかで位置付けている成長分野は、医療・福祉・健康分野以外に、環境・エネルギー分野、食・農林水産分野、国際化関連分野、航空・宇宙分野等があります。

２０１５年９月24日に、アベノミクスの第２ステージとして「新三本の矢」が宣言され

た具体的な施策として、①希望を生み出す強い経済（GDP600兆円）、②夢を紡ぐ子育て支援（合計特殊出生率1・8）、③安心につながる社会保障（介護離職ゼロ）が示されました。この3つの施策のうち2つ（②と③）が医療・福祉・健康分野に該当していることから、この分野がいかに重要であるかがうかがえます。

元々、医療・介護事業については、地域住民の健康面のケアはもちろんのこと、雇用面、経済面においても地域社会を支える重要な社会インフラを担っております。

また、高齢化が進展し、医療・介護事業に対するニーズは一段と高まりをみせており、医療・介護サービスの提供体制の整備や拡充が見込まれております。これらの背景をもとに、地域金融機関として、同分野に対する支援体制を強化するべく、医療担当を配置しております。

新型コロナウイルスによる医療機関への影響

新型コロナウイルスの影響で、患者が医療機関の受診や予防接種を控える動きが広がっています。感染を恐れて電話で処方箋を依頼したり、不要不急といわれる病気を我慢したりする傾向にあります。

そうした背景もあって全国でオンライン診療*を取り入れる動きが加速しています。

新型コロナウイルス感染防止に向け、4月から電話やスマートフォンなどを使ったオンラインによる初診が可能となりました。人と人との接触を減らして医療機関での二次感染を防ぐ対策として推進され、通院が負担となっている患者を中心に需要が高まっています。

＊オンライン診療とは…

医師がスマートフォンなどの情報通信機器を通じ、遠隔の患者をリアルタイムに診察する医療。離島やへき地で対面診療の補完として始まり、その後も段階的に拡大されたが、厚生労働省は２０１８年策定の指針で初診の原則対面診療を明記した。しかし新型コロナウイルスの感染拡大を受けて２０２０年４月、感染終息までの時限措置として電話を含めた初診からの全面解禁を決めた。

一方、地方での利用増加には診療以外での情報通信技術（ＩＣＴ）の拡大が欠かせないため、テレビ会議やキャッシュレス決済などが幅広い年代に浸透する必要があると言われている。

新型コロナウイルスの影響を受け、医療機関では軒並み経営状態が悪化しているといわれています。日本病院会、全日本病院協会、日本医療法人協会の3団体は、２０２０年5月27日に『新型コロナウイルス感染拡大による病院経営状況緊急調査（最終報告）』を発表しました。

調査期間は5月7日~21日、前記3団体に加盟する4,332病院を対象に行われました。そのうち、回答病院数は1,317病院、有効回答数1,307病院、回答率は30・2%でした。全体で見ると、収入はマイナス10・5%と大幅な減少を記録しました。医療機関の経営が苦しくなる主要因は、収入が減る一方で医薬品などの費用はほとんど抑えられていないことです。給与費に至っては前年よりも増加傾向となっています。患者数が減っても、医薬品の購入を控えたり、スタッフを減らしたりすることはできないということです。

緊急事態宣言が解除されても、感染リスクを懸念して当面患者数は元には戻らないと予測されています。

高齢化に伴う、医療費負担の増加

2020年度の国家予算『一般会計歳出』は、過去最大の102・6兆円（前年比+1・2兆円）となりました。うち医療費等の社会保障費は35・8兆円（前年比+1・7兆円）で、全体の34・9%を占めています。

一方一般会計歳出の原資となる『一般会計歳入』は、税金6割、公債金（借金）3割、その他1割となっています。建設国債と赤字国債を合わせた公債金は32・5兆円に上ります。日本の財政は、公債金（借金）に依存する状態が続いており、将来世代の負担となります。債務残高は、主要先進国と比較して最も高い水準にあります。

社会保障給付費は、全ての項目において右肩上がりで推移し続けています。年金45・5％、医療32・0％、福祉その他22・5％です。社会保障給付費の予算ベースは約126・8兆円です。一般会計歳出に占める社会保障費35・8兆円に対して差額が発生します。

この差額は、特例国債や私たちが納める保険料や都道府県等の予算で成り立っています。高齢化とともに、医療や介護を利用する方たちの割合が高まるため、社会保障費は今後大きく増加することが予想されています。同時に、15歳〜64歳までの現役世代が減少することから、財源の確保に留意する必要があります。

日本の社会保障制度は、社会保険方式を採りながらも、高齢者医療・介護給付費の5割を公費で賄うなど、公費負担（税財源で賄われる負担）に相当程度依存しています。近年、公費比重の大きい（自己負担割合の低い）高齢者医療・介護給付費の増加に伴い、公費負担の増加が大きくなっています。それを賄う財源を確保できていないため、国債発行費を充てていますが、給付と負担のバランス（社会保障制度の持続可能性）が損なわれ、将来世代に負担を先送りしています。

医療技術の進歩に伴い、日本の平均寿命は、2019年男性81・41歳、女性87・45歳と過去最高となりました。現在、65歳以上の高齢者1人を現役世代（15歳~64歳）約2人で支えています。今後も少子高齢化が進む中で、2040年には、高齢者1人を現役世代1・5人で支えることになり、現役世代の負担が増すといわれています。さらに2019年10月に消費税が8%から10%へ増税となりました。増税に伴う増収分は、全額社会保障費へ充てられます。前述した将来世代への負担軽減に対しては増収額の半分程度を充当予定としています。

1人当たりの国民医療費については、年齢とともに増加しています。皆さんの世代では、平均10万円以下ですが、65歳~69歳では約50万円です。70歳以上については、医療費はさらに増大し、85歳以上では、100万円強となっています。

高齢化が進み医療機関の利用者が増えることが、社会保障費の増加につながっています。

高齢化が進むことは悪いことではない

ここまで高齢化についてお伝えしてきました。皆さんの中には、高齢化が進むことが良くないと思われた方、感じられた方もいらっしゃるかもしれません。

しかし、高齢化は決して悪いことではありません。皆さんにとっては、ご家族や親しい方が長生きすることは、うれしく、幸せなことだと思います。

高齢化とともに社会保障費が増大していくことは、制度上において課題があり、この点については、今後解決をしていくことが必要となってきます。

日本の高齢人口は今後ますます増えていくことが予想されています。静岡県も例外ではありません。

２０１９年、静岡県内35市町の全てで高齢化が進んでおり、伊豆地区では高齢化率40％～49％（最大49％は西伊豆）となっています。

一方、人口は減少傾向にあり、少子高齢化が進むと想定されます。２０５５年には、日本の総人口は1億人を割ると予想されています。人口1億人を維持するためには、出生率２・07が必要とされています。

＊出生率…人口に対する出生数の割合

〈参考〉２０１９年

出生数：８６・5万人（過去最少）

合計特殊出生率：１・36

＊合計特殊出生率…1人の女性が出産する子供の数の平均値

２０１６年には、１９４７年の統計開始以来、初めて出生数が１００万人を割り込み、

2019年には、出生数は86・5万人まで減少しています。出生数のピークは、第2次世界大戦後の1947〜1949年です。3年間で800万人程度の出生数となり、第1次ベビーブームと呼ばれています。この期間に生まれた世代を団塊の世代と呼び、2025年には全員が75歳以上（後期高齢者）になることから、2025年問題*といわれています。1970〜1975年の出生数が190万人を超える時期を第2次ベビーブームと呼び、この期間に生まれた世代は団塊ジュニアと呼ばれています。

*2025年問題…人口の多い世代が後期高齢者の年齢に達し、医療や介護サービスの利用者が増えることから、社会保障費（年金・医療・介護）の急増が懸念される。

少子化要因

女性の社会進出、価値観の多様化、非婚者、晩婚化、晩産化等のさまざまなな要因がある。

■国内の初婚年齢（2019年）

全国　男31.2歳、女29.6歳

静岡　男31.1歳、女29.3歳

医師の偏在

医師の偏在には、地域間の偏在と診療科目間の偏在、二つの問題があります。

地域間の偏在とは、例えば、東京には医師が多く、静岡には医師が少ない、ということです。実際に静岡県は他県に比べ医師が不足していることから、医師の偏在が起きているといわれています。

診療科目間の偏在とは、例えば、内科は多く、眼科は少ない、ということです。

医師不足の主要因として、以下の4点があげられています。

①医療費抑制政策…社会保障費が増加している中で、医療費を抑制するために医師の数を制限しようという議論になりました。

②医学部定員の削減…医師が多いという議論の中で、過去に2度医学部定員の削減が閣議決定され、医学部の入学定員が抑制されました。

③医療の専門化、細分化…内科一つをとっても、消化器（胃、食道）、循環器（心臓）、呼吸器（気管支、肺）、腎臓（透析、高血圧）といった分野に分かれ、専門医制度が確立されています。専門医とは、「それぞれの診療領域における適切な教育を受けて十分な知識・経験を持ち、患者から信頼される標準的な医療を提供できる医師」と定義されています。

病院と診療所（クリニック）の違い

・入院できるベットの数が20床以上ある施設を病院といいます。
・入院できるベットの数が19床以下である施設を診療所（クリニック）といいます。
　まちなかで見かける○○クリニックという施設も診療所と同じです。
・静岡県内では、2019年度（2019年4月～2020年3月）において、約40件の診療所、約20件の歯科診療所が新たに開設されました。

④医師の勤務環境…医師が少ない地域では、時間外勤務が多いことが挙げられています。

医師不足の静岡県

静岡県の医療体制はどのようになっているのでしょうか。２０１８年12月時点のデータを紹介します。

医師数は７，９４８名。人口10万人に対し、医師の数は増加傾向にあるものの、全国平均に対しては依然不足しています。

なお全国では32万７，２１０名の医師がいます。

静岡県の医師偏在状況

①人口10万人に対する医師数40位
②医師偏在指標39位

＊医師偏在指標は、以下の偏在に関わる5要素より策定
1医療ニーズ及び将来の人口・人口構成の変化
2患者の流出入
3へき地等の地理的条件

4医師の性別・年齢分布について
5医師偏在の単位（区域、診療科、入院／外来）

これらの結果から静岡県は全国で16県の医師少数県として位置づけされ、なかでも富士・熱海・伊東・賀茂は、医師少数地域とされています。

静岡県では、２０２０年度当初予算案の中で、「安心して暮らせる医療・福祉の充実」のため、健康福祉部の予算総額を２，４６２億２，０００万円で組み、安心できる医療の確保・充実を目指しています。

このうち最も大きく予算を計上しているのが、医師確保対策関連事業の13億１，３０１万円です。２０１９年度の予算12億３，８９８万円を７，４０３万円上回る金額です。

主な取り組み事項（抜粋）

・医学修学研修資金貸与事業　10億８，０００万円
・医師キャリア形成支援事業　７，１５１万円
・静岡県ドクターバンク　２，０４０万円
（高齢医師の再就業を支援する相談窓口の設置）
・医師偏在解消推進事業費助成　６６０万円

なぜ、銀行が開業支援をするのか？

勤務医である医師は、医療のスペシャリストですが、経営のプロではありません。収入構造は理解していても、どこに開業したらよいのか、何を準備すればよいのか、従業員を何人雇用すればよいのか等、実際に理解している方は多くありません。また、勤務しながら開業準備を進めていくことは容易なことではありません。先に説明した通り、医師の偏在という面からも、必ずしも地元出身者の医師ばかりが開業するわけではないので県内の情勢をよく知らない方もいらっしゃいます。

そこで我々地域金融機関が、開業候補地の選定・事業計画の策定・専門機関の紹介等のさまざまなご支援を行い、事業計画に応じた開業資金の貸し出しを実施し、開業に向けた支援を行っています。

開業候補地の選定に伴う診療圏調査実施

どんなに知識やスキルのある医師の新規開業であっても、近隣に競合医療機関が多数ある、対象となる患者が少ない、等の要因により経営が計画通りにいかないケースもあります。そのため、開業地を選定するうえで、そこに開業した場合に何人の患者数が見込まれるかという診療圏調査は欠かせません。その候補地の特性やマーケット情報（世代別周辺人口、近隣競合医院、連携可能病院等）については、事前に把握しておくことが必要不可欠であり、データ上の定量的な情報はもちろんのこと、その地域の特性やニーズについても反映したうえで、開業候補地の情報を提供し、選定をしていきます。

事業計画の策定

新規開業を検討するうえで、医師の思い描く医院経営を具現化するために、設備投資計画や将来にわたる収支計画などの事業全体の計画を策定していきます。想定する患者数から見込まれる医業収入と運営していく上での医業費用や設備投資に対する借入金の返済額などを計算し、精度の高い収支計画を策定します。医師にとっては、一生に一度の大きな決断をする時であり、地域や患者に対する強い想いから、診療規模を超えた建物設備の充実や多くの医療機器の導入に対する相談を受けることも少なくありません。そのようなとき、医師の想いを十分理解し共有しながらも、投資金額と収支計画のバランスや妥当性を冷静に考えてもらえるよう、正確で妥当性の高い事業計画を策定し、共有していくことが重要になります。鮮度の高い多くの情報を収集し続けることにより、ノウハウや情報が蓄積され、より有益で効果的な情報が織り込まれた事業計画となることから、日頃からの情報収集と自己研鑽を欠かすことはできません。

開業までのスケジュール

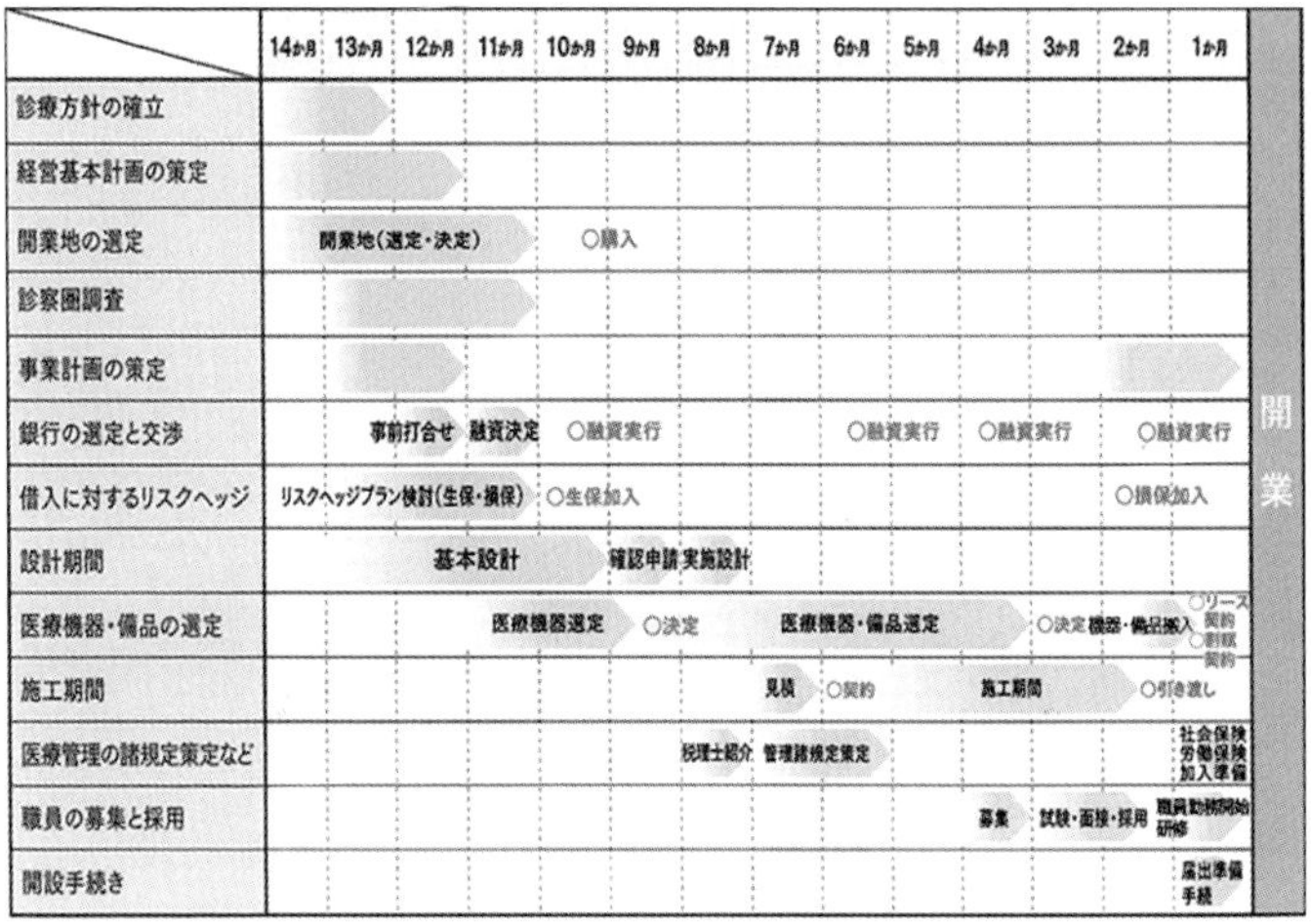

※スケジュールは開業形態や地域によって異なります

医院を開業するまでの概ねのスケジュールは上の表の通りです。お客さまによって前後はありますが、概ね1年～1年6カ月程度の時間がかかります。診療方針・開業地を選定した後も、開業までに決定すべき事項がたくさんあります。建築、設計、薬卸、医療機器メーカー、検査会社、税理士、社労士といった各種専門家と連携を図り、開業計画を進めていきます。

こういった、開業までのさまざまなタスクのハンドリングや情報提供などのサポートを行うことで、開業までの不安の解消や手続き漏れなどの防止にもつながり、計画通りに開業に向けた準備を進めて行くことができるようになります。また、当然のことながら、銀行だけではなく医療分野に精通した専門家の方々の協力・連携なくしては十分なサポートをすることができませんので、専門家の方々との連携体制の構築も日頃から重要視しております。

医療機関の収益構造

患者の診療報酬は、診療報酬点数×10円で計算されます。診療報酬点数は2年毎に改定（直近の改定時期：2020年4月）し、日本全国どこの医療機関で治療を受けても同じ点数です。

基本診療料……初診料288点（2,880円）、再診料73点（730円）
特掲診療料……画像診断、注射、投薬等

国が定めた診療報酬点数に基づいて診療報酬は決まるため、収入は安定します。

一方で2年ごとの改定内容によっては、昨日まで100円だったものが、今日から90円になってしまうことがあります。

例外として自由診療（各医院で値段を設定できるもの）があります。インフルエンザの予防接種、医療脱毛、ビタミン点滴等です。歯科医院ではインプラント、セラミック、ホワイトニング等が自由診療と呼ばれる治療になります。

医療機関へ通院した際には治療費明細を見てください。皆さんが自己負担で支払う治療費は全体の3割ですので、治療費全体では、自己負担額の3倍以上の費用がかかっています。

私自身、医療分野の経営・運営は、バランスが非常に難しいと感じております。経営的な目線で考えすぎますと、患者の立場にたった医療サービスの提供が難しくなり、医師のやりがいや達成感も薄れ、結果的に経営に影響が生じてきます。一方、医療サービスを追求しすぎる余りに、資金繰りが逼迫し、経営が成り立たなくなるということもあります。医師が診療に集中し、患者のことだけを診続けられるよう、金融機関をはじめとしたコンサルティング機能を有する立場の者が、経営的なサポートを行う重要性を強く感じております。

介護保険制度について

介護報酬は、3年に1度改定されます。

我が国は超高齢社会に突入しており、高齢者の増加に伴い、介護サービスのニーズは、高まり続けております。介護分野が医療分野と決定的に違うことは、要介護認定を受けた人しか介護サービスの提供を受けることができない点です。極端に言えば、100歳でも健康で要介護認定を受けていなければ、介護サービスを利用することはできないということです（自費サービスは除く）。また、要介護認定の度合いに応じて、利用できる施設や介護サービス、利用料に差があります。介護施設の開所、経営についても、事業計画の策定や介護圏調査は必須であり、地域のニーズ、運営事業者の想いに寄り添ったサポートをしております。

ソリューション営業を実践していくうえで

創業を目指すお客さま（医師）にとって、開業は一大決心であり、相当の覚悟やリスクがあります。だからこそ、お客さまのニーズや想いをくみ取り、一緒に考え、喜びを分かちあうことができる銀行員（担当者）を目指して日々活動しております。

ＡＩに仕事を奪われるといわれる時代であり、多くのものがＡＩ化しています。生産性や効率性といった観点では、ＡＩ化は重要なことだと考えますが、会話の中でわずかに感じる不安や焦りに気付き、お客さまの想いを感じとり、具現化していくことは、ＡＩには真似できないことだと思います。

地域に必要とされる医療機関の開業支援をすることで医師の偏在、診療科目の偏在といった問題を解決し、地域社会の発展へ貢献する役割を担っていると思っています。

ご紹介させていただきました医療介護分野について、皆さんは資料を見てどのように感じましたでしょうか。少子高齢化が進行し、社会保障費が増大していく中で、医療・介護分野に対するさまざまな課題は、将来世代である私たちもいつかは直面する問題だと思います。

今回の講義内容にかかわらず、さまざまな分野において、知ってるか知らないかで、日々の生活の中で周りの方たちとの間にちょっとした差が生まれ、長い人生の中では大きな差につながるのではないかと自分自身は感じています。

今回の講義が、皆さんなりの考え方を持つ一つのきっかけにつながればうれしく思います。

経済教室

リーマンショック

2019年12月18日　常務取締役　薮崎文敏

ショックとミラクル

２０１９年の大きな話題は、ラグビーワールドカップだったと思います。大きな盛り上がりがありました。日本全体がそうでしたが、開催地の一つである静岡県は、エコパ（小笠山総合運動公園エコパスタジアム）での試合のおかげで、いっそう盛り上がったと感じました。

エコパでは日本とアイルランドが対戦し日本が勝ちました。それを海外のメディアは、「ショック・オブ・シズオカ」と伝えました。日本語にすると「静岡の衝撃」です。

前回のワールドカップでは、日本は南アフリカに勝ちました。五郎丸選手が行うキックを蹴る前のルーチンのポーズが人気を集めました。

そのときメディアはどう報じたでしょうか？

メディアは「ブライトン・ミラクル」と伝えています。「ブライトンの奇跡」です。前回は奇跡、今回は衝撃。衝撃ではあっても、奇跡ではないということです。

この時点でアイルランドは世界ランクが2位です。その相手に対して、日本は普通に戦って普通に勝ちました。勝つための戦略を練り、それを実行して勝つべくして勝ったのです。それが衝撃だというのです。

これがこの講座のテーマとどうつながるのか？　リーマンの場合は「ショック」だと言っています。リーマンズミラクルではなく、リーマンショックなのです。

これをもって世界は変わってしまいました。しかし、リーマンショックは、起こるべくして起きました。突然起こったわけではないのです。

1カ月で4割の株価下落

２００８年9月15日、リーマンブラザーズという米国4位の投資銀行が破たんしました。9月12日金曜日の日経平均株価は1万2，２１４円76銭でした。この後、日本は月曜日が敬老の日なので3連休を迎えます。しかしアメリカの市場は開いていて9月15日に、リーマンブラザーズ証券が連邦裁判所に倒産法の申請を行い破たんしました。

そのニュースの後、最初に市場が開くのは東京でした。

9月16日、日経平均株価は1万1，609円72銭で5％程度下がりました。今の感覚では、これくらいの幅では驚きませんが、当時としては大きな下落でした。

しかし1カ月後、10月27日の日経平均株価は7，162円90銭まで下がったのです。率にすると41・4％の下落です。100万円投資したら60万円になってしまったことになります。

世界中のマーケットで株が売られ、一回りして日本に帰ってきて、日本でも売られるという連鎖が起きました。約半年後、2009年3月10日の日経平均株価は7，054円98銭。株価は戻りません。まだ売られているのです。一時的要因で売られ、すぐに買い戻されたというのではないのです。水準、居所が変わってしまったのです。

リーマンショックの予兆

一見、ある日突然景色が変わってしまったように思えます。しかし、そうではないのです。リーマンショックの前に、「おかしいな」と思う出来事がありました。それはパリバショックとベアスターンズショックです。この2つの出来事の話をします。

「パリバ」は、BNPパリバというフランス最大の金融グループのことです。日本でいえばメガバンクをイメージしていただければと思います。今も健全な金融グループとしてグローバルに活動しています。そのパリバが、２００７年８月、サブプライム問題によって、３つのファンドの価格算出、募集、償還を止めました。

ファンドには、必ず値段があります。値段が示されなければ、持っているものがいくらか分からなくなります。値段が分からないから募集もできません。パリバからしたら、お金が入ってきません。投資家からしたら、売ることができず、償還もできません。投資家がほかの人から預かったお金を投資しているとしたら、許される状況ではありません。

このことにより、パリバの株は世界のマーケットで売られました。これがパリバショックで、サブプライムローンという言葉が意識されたと思います。

続いて、ベアスターンズショックが起こりました。ベアスターンズは、アメリカ第５位の投資銀行です。アメリカの銀行には商業銀行と投資銀行があります。投資銀行は、日本でいえば証券会社に近いものです。

そのベアスターンズが、２００８年３月16日、サブプライム関連損失により純損失を計上し、流動性不足に直面する可能性があるという報道がされました。

純損失計上とは俗にいう赤字です。赤字が全てダメというわけではありませんが、原因がサブプライム関連ということであれば見通しが立ちません。流動性が不足する可能性があるというのは、「お金が足りなくなる可能性がある」ということ。金融機関の場合、お金が足りなくなったら大変です。

しかし、こんな報道をされると、そういう方向感になります。株は一気に売られ、この金融機関にお金を貸そうという金融機関はなくなります。

ベアスターンズは、こんな報道がされた時点で勝負あったといえます。2カ月後の5月30日、ベアスターンズはJPモルガンチェースに買収されています。

そして2008年9月15日、アメリカ第4位の投資銀行であるリーマンブラザーズがサブプライムローン問題での損失処理を要因に赤字決算の見通しを公表し、米国連邦倒産法第11章の適用を連邦裁判所に申請し破たんします。いわゆるチャプター11です。

ベアスターンズは報道でしたが、リーマンブラザーズは、リーマン自ら「赤字になる」と公表しました。突然のことのように思われるかもしれませんが、実は1年前から似たような事象が度々起こっていました。

サブプライムローン

サブプライムローンという言葉が何回も出てきました。少し説明しましょう。プライムとは最優遇。プライムレートは最優遇金利のことをいいます。返済に懸念がないからその分金利は低くする、というのがプライムレートです。

サブプライムは、ちょっと返済が大丈夫か?というお客さまに、その分高めの金利をもらいますよ、というもの。プライムレートが1%とするなら、5%払ってくれるなら貸しますよ、というのがサブプライムです。

信用リスクという言葉を聞いたことはありますか?

友達にお金を貸すとして、「この人に貸すと、必ず返してくれる」という人と、「この人に貸すと、返ってくるか分からない」という人がいると思います。普段の付き合いや過去の実績で、「信用できる」「信用できない」が判断されます。それを信用リスクといいます。

信用リスクの低い人はプライムの先、高い人はサブプライムの先となるのです。

では銀行はどういう人にお金を貸すのでしょう?

基本的には「必要な人」に貸しますが、端的に言えば「返してくれる人に貸す」のです。もっと言えば「返してくれる人にしか貸さない」のです。

銀行が貸すお金は、お客さまから預金として預かったお金です。なくなっていいお金ではありません。したがって、お金が必要な人に貸しますが、返ってこない人には貸さないのです。それが基本スタンスです。

壊れた貸出・返済のシナリオ

貸出の時、銀行は貸出稟議書を作ります。昔はペーパーでしたが、今はペーパーレスで電子フォームがあります。すべての銀行の稟議書を見たわけではありませんが、稟議書には、ペーパーであれ、電子版であれ、必ず書いてあることがあります。

それは資金使途と返済財源です。資金使途は「何に使うお金なのか」で、返済財源は「どうやって返すのか」です。

住宅ローンの場合は、年収がこれだけあって、支出がこれだけでこれくらいは返済に回せるということが導きやすい。返せると思うから借りるのです。

企業の設備資金であれば、人を雇って、これくらい作って、これくらい売ると返せるといった形で、返済原資が描かれます。

バブルの時代は、1億円で買った家が1億5千万円になるという話でした。しかし、それが崩れて1億円で買った家が5千万円になったら……、サブプライムローンを借りて、返済ができなくなったとき、売って返すという方法がとれなくなります。

年収600万円の人が、普通の生活を送っていれば、「これくらい」という借りられる金額は決まってくるものです。しかし、その人に年収1千万円と偽らせれば、もっと高い不動産が買えることになります。返済原資の見込みもないのに「不動産価格は上がるので、万一の時は売って返せばいいですよ」というセールスが行われ、返済のあてのない借入が増加しました。

そのシナリオが、不動産バブルの崩壊で狂ったのです。それだけのことなら、アメリカの問題であって、世界中に影響を及ぼすことはなかったかもしれません。しかし、全世界に波及したのは、サブプライムローンを証券化した商品が、世界中で売られていたからです。

証券化商品と格付け

有価証券という言葉も、あまりなじみがないでしょうか？　株式や債券のことをいいます。債券には、国債、政府保証債、地方債などがあります。

社債は、例えばソフトバンクとか、電力会社の電力債など、会社が会社の信用力で発行するものです。東京電力は、原子力発電所、火力発電所などの特定の事業で返済するのではなく、東電という会社で返済するのです。

証券化商品とは、ローンやリース、不動産などの資産を裏付けとして発行される有価証券のことをいいます。サブプライムローンも証券化商品として売られました。そのことで、アメリカの話だけではなくなりました。世界中の投資家が、サブプライムローンが証券化された商品を買ったのです。そしてヨーロッパの問題になり日本の問題にもなりました。投資商品として全世界に売られていたからです。

サブプライムローン問題は、本来貸すことができないはずの先に貸したこと、格付会社がサブプライムローンの証券化商品にＡＡＡの格付けを付与したことで起こりました。

Ａが３つのトリプルＡが一番信用力が高いのです。ＡＡ、Ａ、ＢＢＢ、ＢＢ、Ｂときてその下がＣです。信用力はすなわち返済能力であり、トリプルＢまでが投資適格、ＢＢからは、投機的水準とされています。

格付会社として有名な機関としては、Ｓ＆Ｐやムーディーズなどがあります。そのような格付会社の格付けを手掛かりにして、投資家は投資をします。格付会社がＡＡＡをつけているなら安心という見方で買った投資家が多かったのです。

清水銀行も投資をしています。お客さまから預かった大切な預金が原資なので、投機的なものには投資できません。トリプルＡといかなくても、ＡＡ、Ａで投資対象を探します。このように参照となる格付会社がサブプライムローンの証券化商品にＡＡＡをつけました。それで安心できる投資商品だと思われてしまったのです。

そこに住宅バブルの崩壊が起こりました。不動産価格が下落したことで、住宅を売却しても返済ができずサブプライムローンが焦げ付いてしまいました。

ショックはまた起きる？

リーマンショックのようなショックが、また起きるのか？という疑問があると思います。リーマンショックの反省から、複雑な証券化商品については規制が厳しくなりました。売る方にも、買う方にも、規制がかかります。今の規制の枠組みでは、リーマンショックは起きません。

格付会社も金融監督内に入りました。格付会社にも今は金融庁の検査が入ります。「なんでこんな危険な債券にＡＡＡをつけてしまったのか」という反省から、格付の精度も上がっています。

以上から、リーマンショックと全く同じことはないでしょう。しかし、想定していないことはあり得ます。

リーマンショックは、降って湧いたわけではありません。嫌な予感はありました。パリバショック、ベアスターンズショックで、ちょっとおかしいという雰囲気はあったのです。情報を手元に置いておくことが大切です。

米大統領選が相場に大きく影響

２０２０年について私が考えていることをお話ししましょう。

２０２０年の相場に影響すると思うのはアメリカの大統領選挙。トランプ大統領が再選されるかどうかということです。

対抗馬のバイデン氏も、それほど強くはないと思われますが、必ずしも圧勝できる保証はありません。来年の相場は、アメリカの大統領選挙一本だと思っています。

最近、日経平均株価が上がっているのは、米中の交渉がうまくいくという見方からです。米中交渉がうまくいくと思われると株が上がります。そういうことが２０２０年11月に向けて起きていくと思います。世界中のマーケットがアメリカの大統領選に振り回されることでしょう。

ブレグジット（イギリスのＥＵ離脱）については、そんなに簡単なことではないと思っています。アイルランド、北アイルランドの問題は根深いです。合意なき離脱に近い形の合意になる可能性はあります。そうなったとき、ポンドは売られますが、日本に対する影響はそれほど大きくないと思います。ヨーロッパには、先送りという概念はありません。白黒はっきりさせる感覚でもありません。

アメリカの大統領選挙は興味を持って見てほしいです。情報がリッチである分、それが正しい情報なのか、そうではないのか、判別が難しくなっています。

常に大きなショックの想定を

ＡＩ、人工知能を使った投資が行われていますが、相場の急落時にはみんな一斉に売ります。もちろん、急騰時にはみんな一斉に買うこともあります。人間なら、多くの人が売っているとき「ここで買ってみよう」といった投資行動をとる人もいますが、ＡＩは一斉に同じ動きをするのです。

ＡＩが進化していくと、人間の行動がＡＩ化され「ここで買ってみよう」という投資行動もされるようになるかもしれませんが、現時点でのＡＩによるシステム売買は、方向感が一定に動いてしまいます。結果として相場の振幅が激しくなります。

冒頭、リーマンショックで1日に5％下がった話をしました。当時としては大きかったのですが、今では普通にあると言ったのは、そういうことです。

市場リスクは、相場が変動することに対するリスクです。リーマンショックと同じものは起こらないと思いますが、別のショックは、起きる可能性をみておかなければなりません。

２０２０年はオリンピックイヤーです。オリンピックまでは景気はいいが終わったら駄目という話をよく聞きます。私はそうでもなさそうだと思います。

東京の証券会社や投資運用会社に行くことは多いですが、いまだに建設ラッシュが続いています。東京タワーより高いビルもできます。日本橋、丸の内、京橋は、まだ動いています。

オリンピックの後は大阪万博です。前回のようなインパクトはありませんが、一定の経済効果は期待でき、ガクッとくることはありません。

ラグビーワールドカップでは、広島に泊まって、福岡の試合を見て、名古屋に行って、また試合を見てといった外国人が多かったです。1カ月半も続く大会なのでゆっくりと日本を楽しんだようです。そういう人が、リピーターで戻ってきてくれれば、経済にはプラスです。

２０１９年は、消費税引き上げによる駆け込み需要とその後の落ち込みも懸念されました。しかし、そもそも８％から10％への２％の引き上げに対し、５％の還元が行われています。数字上落ち込む道理もなく落ち込まないと思います。

懸念材料は少なく思えますが常に大きなショックを想定しておくことは大切です。日本の家計を直撃するショックが過去にはありました。それは今後もあり得ます。

金融リテラシーと金融ジェロントロジー

最後に、リーマンショックの教訓として、金融リテラシーと金融ジェロントロジーについて話します。

金融リテラシーとは、「金融に関する知識や情報を正しく理解し、自らが主体的に判断することのできる能力であり、社会人として経済的に自立し、より良い暮らしを送っていく上で欠かせないスキル」と定義されています。

限られた時間の中で効率的に有益な情報を取ることが大切です。

金融ジェロントロジーは金融老年学と訳します。人生100年時代といわれています。

私は、生きているのがリスクになるのは嫌だなと思います。医学が進歩して長生きできるなら、100年を全うして楽しく生きたい。そのためのお金が必要です。

生きているのがリスクになってしまったらもったいない。そうならないようにしようというのが、金融ジェロントロジーです。

人生100年を生きるための過ごし方について、これは学ぶことでもあります。

老後2,000万円問題については聞いたことがあると思います。金融庁のレポートを、私は正しいと思って読みました。しかし年金制度がダメだという別の面がフォーカスされてしまいました。

金融庁のレポートが話題になったことで、将来に向けて蓄えなければいけないと国民が意識するようになりました。

60歳で定年となるとしたら40年あります。その収支を、働くことも含めてどう組み立てていくかです。

金融リテラシーという言葉は11年前には、あまり聞きませんでした。金融ジェロントロジーに至ってはなかったかもしれません。これは変わってきた部分です。

職業として市場と向き合う人が、この中に何人かいることを期待しますが、これからリテラシーを高めることは重要になっていきます。本を読むことが大切です。

大金持ちにならなくても、長生きがリスクになることはないように。豊かに、楽しく、過ごしていけるように、してほしいと思います。

今、そしてこれからをどう生きるか

――社会人としての、ものの見方と考え方

２０２０年１月29日　専務取締役　望月文人

地域密着

私は多くの学生の方と採用のために面接をしますが、清水銀行を志望される方の多くが「地域密着」という言葉を口にします。清水銀行は、まさにこの地域で存在意義を発揮しようとしている地方銀行なので、それはその通りです。おそらくほかの地場の企業の面接においても、そのような言葉を発することでしょう。この「地域密着」という言葉について、歴史も含めてひも解いてみたいと思います。

中小企業には血縁で固められた同族会社が非常に多くあります。昔の貴族も血縁をベースに自らのステータスを守ってきました。江戸時代の幕藩体制も基本的には血縁をベースにしていました。

それだけではありません。戦国時代の武将に朝倉敏影という人がいたのをご存じかと思

います。越前、今の福井県あたりを治めていた人物で、日本史の教科書にも名前が出ているはずです。

その朝倉敏影が作った「朝倉敏影17箇条」という家訓（分国法）があります。これは、「占い・方角・日時を気にせずに戦え」とか、「世襲制度は廃止し実力主義で行け」とか、とても合理的なものですが、その中に内政について「越前以外の人物は登用するな」というくだりがあります。

人間はどうして血縁や地縁を大切にするのでしょうか？　それは信用の原点がそこにあるからだと思います。戦乱に明け暮れた戦国時代やもっと以前の時代は、「裏切者」が出ることは、すなわち滅亡を意味していました。「裏切者」が出るか出ないかに人々は細心の注意を払っていたのです。

銀行もお金を扱う商売、いわゆる「信用」を売りにしている会社です。そういう意味で長い間、地縁をベースに大切な預金を預かり、そして企業にご融資させていただくという商いを反復してきました。

地元の人や企業への融資であれば、逆に相手のこともよく理解できているという所から取引が始まっているのです。煩わしくても仲間意識を確認し合うことを、ひたすら反復し継続する所からコミュニティというのは成りたっています。地縁を大切にするということはそういう歴史を踏まえているのです。

当行は収益の一部を静岡県立美術館、静岡交響楽団、清水エスパルス、そして大学での講義への参画という形で還元させていただいています。収益を株主だけに還元しない、内部留保にだけ充てない、それは経営理念にもあるように、社会的公共性を重んじるということに他なりません。地元のお客さまの預金を預かり、地元の企業や個人に貸し出して、上げた収益の一部を地元に還元し、そして税金もお支払いするわけです。

しかし、地域や親族を大切にすることの根底には命がけの思いで継承された歴史があるということ、信用を維持することに対する厳しさがあるということも認識いただけるとありがたいと思います。

地域に密着し、お互いに信頼し合うことが、私たちのベースにあります。だから、「私は、地域に貢献したいので、地域に密着した清水銀行で働きたい」という志望動機になるのです。

一期一会

「一期一会」という言葉を聞いたことがあると思います。

皆さんが将来、清水銀行に入らない限り、私も含めてこれまでの講義で皆さんにお話をさせていただいた行員と2度と会うことは無いのかもしれません。

だからこそ講師を引き受けた行員は、少しでも皆さんに金融の知識を身に付けていただけるよう、精一杯資料作りに時間をかけ、お話しさせていただいたのだと思います。

少なくとも、出たとこ勝負でこの教壇に立った行員は一人もいないはずです。それは、私とて同じことです。

私は7月に静岡大学の教壇に立って、同じようにお話をさせていただいています。そのときの原稿を使えば準備時間ゼロで今日お話できたのかもしれませんが、私自身の経験から「事前の準備無く使う言葉は劣化し説得力を失ってしまう」し、それからたとえ半年前であったとしても成長した自分を表現するためには、「言葉をアップデート（上書き）する必要がある」。だから、今回もいろいろな意味で準備してこの場に臨んでいます。

要は、半年前であったとしても、「半年前の自分を肯定しないこと」だと思います。

「自己肯定からは、成長は生まれない」

そのことは、これからの就職活動のためにも覚えておくと良いでしょう。

「自分らしさ」の貫徹をはき違え、「ありのままの自分を評価してもらえば良い」では通用しません。

それでは、すぐに見抜かれます。

最善の準備をし、「一期一会」の気持ちで就職活動に臨んでいただきたいと思います。

そしてもう一つ、「社会人というのはすべてにおいて評価されている」ということです。私は講義の報告を受け、これまで講師を務めた行員の全ての資料、皆さんの評価に目を通させていただいています。登壇した行員は私からも評価されるし、皆さんからも評価されているのです。かくいう私も皆さんから今、評価されていると思っていますし、私が何を話したかは報告もされます。

しかし、多くの行員は、皆さんに評価され、私にも評価されるチャンスが与えられたことを、前向きに捉えています。

「大学の教壇に立つ経験」「人事担当の専務から直接名前を覚えてもらう機会」というのは、そう何度もあることではないからです。そんな行員のさまざまな思いを、皆さんがしっかりと受け止めてくれていることが、アンケートから伝わってきます。それが、彼らを成長させるのです。

コミュニケーション

社会人になると「コミュニケーション」が重要になります。そこで、「コミュニケーション」というテーマで少しお話をさせていただきます。

「私と皆さんの違い」「社会人と学生の違い」は、社会人である私には「仕事」をベースにいろいろな方との接点があるということです。それは、年齢・性別・立場が異なる方々と日常的にコミュニケーションを取ることに他なりません。

営業で言えば、そのような方々に自分の商品を購入いただく必要があるし、預金を預け入れていただき、お金を借りていただだかなければならないのです。たぶん、そういう部分に皆さんの不安があると思いますし、多くの若い行員もそこに不安を持っています。

その意味で皆さんに覚えておいていただきたいことは、「他者とコミュニケーションを図るにはまずお互いの共通項を探す」ということです。これは、社会人の基本だと思います。例えば「天気」「出身地」「出身の学校」「親族関連」「ゴルフ」など。

人間は結論だけ言われても腹落ちしません。自分が売りたい商品の説明だけしても、買ってもらえることは絶対にありません。だから共通項を探すことがとても大切です。「まず異議を唱える」より「まず同意する」から始めないと会話にリズムができません。

私は、この講義をするにあたり、皆さんとの共通項を探しました。例えば、私の娘は地元の高校を卒業して東京で大学生をしていますが、もしかしてお知り合いの方がこの中にいるかもしれません。

さらに言えば、今、皆さんとの最大の共通項は「就職」というテーマなのかもしれません。皆さんは、今、就活に対し大きな不安を抱えています。そのことが、目下の最大関心事になっていると思います。

そのことは、前回の「就職活動応援講座」の出席カードからも分かります。

だから皆さんと話すなら最大の関心事である就活の話から入れば、興味を持って聞いてもらいやすい。そういうことがコミュニケーションの基本です。そして同意するもしくは、同意していただく所からコミュニケーションを始めることを心掛けると良いでしょう。

私はエスパルスの監査役もしているので役員会に出ます。エスパルスの山室新社長は静岡県出身ではないので、冒頭「静岡は暖かいですね」と言われました。

それに対し「いやいや、今日は寒いです」などという反応はあり得ません。

「そうですね。雪もほとんど降りません」などと言うことで会話のリズムが出るのです。

現状認識

続いて「現状認識」についてお話しします。

「共通項」について話した後で、「現状認識の共有」とは何か?と思われるかもしれませんが、本題に入る前に、皆さんが問題意識を持っていることに対するお話をして目線を合わせたいと思います。

まず、「AI→アルゴリズムとの共存・共生は可能か」というテーマです。「AIによって銀行員の仕事は無くなってしまうのではないか」という人がいます。出席カードでそういうコメントも見ました。多くの方が心配していたので、この話題から取り上げます。

既に、結婚の相手選びにさえ「婚活アプリ」を利用する時代になっています。今どきの大学の授業は、スマホを片手に「レスポン」というアプリを利用して学生の意見を反映させながら進めているという報告も受けています。

皆さんは経営情報学部なので、私よりはるかに、AIについて勉強されていると思いますが、私の考えを少しお話しさせていただきます。

私はいろいろな本も読んでいますが、専門家の間でも意見が異なっています。それぞれ、「知っていることが違う」のではなく、「信じていることが違っている」ということだと私には思えます。

AI（Artificial Intelligence）は今、「第3次AIブーム」だと言われています。1950年代に第1次ブームが始まり、1980年代に第2次ブーム、2010年代から第3次ブームが始まっています。これまで浮かび上がっては消えながら、ここまで来ています。

既にトヨタ自動車は、裾野市で実験都市の試みを発表しています。その動きは、今後さらに加速していくに違いありません。しかし、最後は、「ＡＩの判断を人間が受け入れられるか」が問題になってくると思います。

人間というのは脳だけで物事を判断しているわけではないからです。後でもお話しさせていただきますが、人間には五感というものがあって目と耳などを駆使して雰囲気を感じたり、直感で判断したりするのです。

決して脳だけで判断しているわけではありません。

そういうものを「受け入れるか」「受け入れないか」、それは、もはや哲学的な問題です。だから揺り戻しが必ず起きます。一方向だけに向かっていくことはありません。

人間の領域とＡＩの領域が完全に重なることはないのです。

ただ、１つだけ言えるとしたら、皆さんも座学して脳だけ鍛えるような姿勢では、ＡＩに負けてしまうということです。

アメリカの外交戦略

何といっても２０１９年から２０２０年の年明けまで、アメリカの外交政策には、私たちも右から左に揺さぶられたし、第３次世界大戦が起きたらどうなるのだろうと考えたことも2度や3度ではありません。

国際関係学部の方も受講されていると聞きましたので、この話題にも触れさせていただきます。といっても静岡県立大学というのはこの分野では権威ある先生がたくさんおられるので、このテーマで勉強されている方もいると思います。

なぜ、アメリカとイランはこうも敵対しなければならないのでしょうか？

「選挙のため」という見方が強いです。

トランプ大統領の支持基盤は、「キリスト教福音派（原理主義者）」と呼ばれ全米に8千万人いるといわれています。この方々は、イスラエルという国の存在を支持しており、そのイスラエルにとって脅威となるのがイランだから、イランに敵対する行動をとればそれだけ選挙票を稼ぐことができるというのです。

しかし全面戦争にはならないと思います。なぜなら、アメリカの世論は「アメリカ以外の国でアメリカ人が犠牲になること」に対し、ナーバスになっているからです。

1月2日のソレイマニ将軍暗殺は「無人機での爆撃」によって行われました。

トランプ大統領の声明も「犠牲者がいないこと」が強調されています。

一方、イランも戦争は避けたいのです。

アメリカにはイラン系の移民が１００万人以上いるといわれ、民意のレベルでは、アメリカと敵対すべきではないという考え方が大勢を占めているという認識です。

続いて「アメリカと中国がなぜ対立するのか」というテーマについて話します。それをグローバリズムから、ひも解いていきたいと思います。

グローバル化が最も進んでいるのは、軍事、スポーツの分野です。今どき、刀や竹やりで戦おうとしている国はありません。

野球のルールが国によって違い、「ある国では1塁側から回り」、「別の国では3塁側から回る」のであれば試合になりません。

サッカーも同じ。ある国では11人で戦い、別の国では15人で戦うようであれば、試合は成立しません。

スポーツの世界で、いかにグローバル化が進んでいるのかは、オリンピックの参加国の数の推移を見れば分かります。国際的にルールが統一され、そこに準拠する国が増えたからこそ、オリンピックの参加国は増加しているのです。

つまり「グローバリズム」は、「1つのルールで世界が動く」ということです。

経済のグローバル化という観点で言えば、複数のルールがあると移動の自由が必ずどこかで妨げられてしまいます。それはアメリカにとって都合が悪いのです。中国にも、世界と同じルールで試合をしてもらわないと、公平ではないという思いが、アメリカにはあります。

アメリカにとっての中国は、経済における統一ルールを脅かす存在として映っています。歴史においても新旧の覇権国は必ず対立してきました。過去においては「イデオロギーの対立」であったものが、今は「経済におけるルールの対立」に変化しています。

そういう理解をすると、皆さんも、納得しやすいのではないでしょうか。

サイバー攻撃

先ほど、鬼頭学長、森先生とお話をさせていただきましたが、その中で経営情報学部には「サイバーセキュリティー」について専門的に学んでいる学生もいるというお話が出ました。そんなこともあって、「サイバー攻撃に対する認識」について、お話ししてみたいと思います。

２０２０年は東京オリンピックの年なので、この話題がこれから大きく取り上げられることが予想されます。

過去のオリンピックにおいてどれだけサイバー攻撃があったか、ご存じでしょうか？北京オリンピックでは1日24万回。ロンドンオリンピックでは、期間中に2億回のサイバー攻撃を受けました。平昌オリンピックでは、開会式の重要システムが３つ破壊されています。

先日のイランのアメリカに対する報復攻撃の想定リストの中にも、サイバー攻撃が入っていました。

銀行も非常に警戒しています。期間中に、さまざまなインフラがストップしてしまうと大混乱になります。例えば電力・ガスを含めたライフライン、銀行の資金決済、交通機関が麻痺してしまう事態など、警戒しなければならないしその対策も打ち始めています。

大学で学ぶこと

「人生100年時代」に4年間大学で学ぶことの意味は、「学ぶ姿勢の形成」にあると私は思います。これまで13回の講義の中で皆さんは「何が分かった」と考えているのでしょうか？　もっと言えば、さまざまな大学の授業を受ける中で「何が分かった」と感じているのでしょう？

13回の講義を聞いて、「地域金融について分かった」「清水銀行について分かった」ということはあり得ません。「分かった」というのは、大学生として取るべき認識ではないと思います。

私は30年以上銀行にいますが、銀行について分からないことがたくさんあります。銀行員の変化、世の中の変化、お客さまの変化、分からないことだらけです。

私は、大学という所は、「分からない」ということを認識するためにあると考えています。自分を変えるきっかけになるのは、「分かった」という状態ではなく、「分からない」という状態だと思っているからです。

もちろん「分からない」だけでは試験もできないでしょうし、成績に影響してしまいます。しかし社会に出ると、あらかじめ答えが用意されている問題など無いと言っても過言ではありません。

もっと言えば、就職する会社だって正解は分かりません。誰と結婚するかも、それが正解かどうかは分からないのです。人生は、そんな中で正解を模索する繰り返しではないでしょうか。

当然、私どももこの13回の講義の中で、「今世の中で起こっていることと銀行のサポート業務」のすべてを分かってもらうつもりはありませんし、講義を担当した行員も分かってもらえたとは思っていないと思います。そんなに簡単に分かるものではないのです。

大切なことは、「分かった」と満足しそこで止まってしまう姿勢なのか、「分からない」という認識の中で「分かる」レベルを追求していくのか、そのどちらを選ぶかです。

いろいろな人を見てきました。内定者にも新入行員にも、銀行に入った後、学歴は気にしないと言っています。その代わり社会人になって学ぶ姿勢を、どこまで突き詰めるかは見ます。

「自分が分かっていないことを、分かろうとする」これを貫くこと。そういう姿勢を作ってほしいと言っています。

人生100年の時代の4年間というのは、人生60年時代の4年間とは大きく異なります。「大学を出ている」ことに意味があった時代があったのかもしれませんが、今はどんなに優秀な大学を出たとしても、それからの60年以上の時間の中で「分からない」という姿勢を貫ける人でなければ通用しない時代になっているということです。

大学というのは、自分にとって無知無能な領域をどこまで自覚できるのかを認識する場であると思います。つまり「学んだこと」より、「学ぶ姿勢を形成すること」に意味があり、その場が大学であるということです。

五感で学ぶ

続いて五感を駆使した学びの大切さをイチローさんの言葉でお話しします。

メジャーリーグで活躍し、昨年引退したイチローさんが、自ら主催するイチロー杯の野球大会でこんな言葉を小学生に贈っています。

「自分で自分のことを教育しなければならない時代に入ってきたと思う。いまのみんなが生きている時代は、それがすごく大切なことであることを覚えてほしい」

「いろんなことが情報としてすぐ頭に入れられる時代。世界が小さくなっているように思えるけど、外に出て初めて分かること、調べれば分かることでも、行ってみて初めて分かることはたくさんある。それを知識として持つのではなく、体験して感じてほしい」

イチロー杯は、現役の間続けようと思っていたということで、今年が最後だったのですが、毎年素晴らしい言葉を小学生に贈っています。

先ほどのＡＩの話とも重複しますが、大学で学ぶことにおいて大切な要素として、「五感を使っていろいろ経験をする」ということがあると思います。

皆さんは、中学時代から英語の勉強をされてきたと思います。清水銀行にも毎年、ＴＯＥＩＣで高スコアをあげた行員が入行します。しかし、単純に翻訳をするという意味での語学力であれば、それはＡＩに取って代わられてしまうのかもしれません。

これまで講師としてお話しさせていただいた清水銀行の行員の話が、皆さんにとって説得力があったとしたら、それは彼らが実際の行動の中で感じたことも含めて言葉に落として（言語化して）、皆さんにお話ししているからだと思います。

全く同じ原稿を使って皆さんがここでお話ししたとしても、説得力のある話にはならないでしょう。

「語学力」も大切ですが、「言語化する能力」はもっと大切です。

そういう意味で、学生時代というあり余る時間を使って、五感を駆使して教室以外でさまざまな経験をしていただきたいと思います。

人間は重大な判断をする場合「脳」より「身体性」に寄り添うものだからです。

多文化共生時代に必要なこと

鬼頭学長との面談で、期せずして「多文化共生」という言葉が出ました。多文化共生時代に必要なことは「歴史を学ぶこと」だと思います。

私は毎年「大河ドラマ」を欠かさず見ています。先日、新入行員の研修で、「大河ドラマを見ている人」と聞いたら1人しか手が上がりませんでした。したがって、大河ドラマの話をしても皆さんに通じないのかもしれませんが、今年は「麟麟がくる」というタイトルで、明智光秀が主人公になっています。

明智光秀と言えば「本能寺の変」。今までは石田三成とともに、「悪役」として登場する機会が非常に多い人物でした。「悪役」と言わずとも、「舞台回し」のような存在で、私自身、明智光秀が主人公になるとは思ってもいませんでした。

しかし興味があったので、正月に明智光秀に関する書籍を読み漁りました。すると明智光秀に関して今までとは違う見方がされ始めていることが分かりました。

２０１４年に岡山にある林原美術館で「石谷家文書《いしがいけもんじょ》」というものが発見されたことにより、本能寺の変は、信長の四国政策の転換、いわゆる長宗我部元親との関係により引き起こされたという説が有力になり始めたというのです。

今までは織田信長に冷遇されたことを恨んで本能寺の変を起こしたといった解釈だったのが変わってきているのです。

信長の命を受けて、長宗我部元親に四国のここをあげるという交渉をしていたのに、信長の心変わりであげないとなり、間に入っていた光秀は苦しい立場に立たされました。それが本能寺の変につながった。そういう見方が出てきています。

歴史というものは誰の視点で見るかによって変わります。

それと同じように、ある人にとって正しいことが、別の人にとって悪いことになるということは、いつの世の中でも変わらないと思います。

独断に陥らないためには、いろいろな角度から物事を見て、認識することが大切です。いずれにしても今年1年、大河ドラマがどんな展開になるか、楽しみにしています。

皆さんがこれまで生きてきた中で、どの程度の人たちと出会い、理解し合えてきたのかは分かりません。しかし年を取っている分だけ私の方が皆さんより多くの方と出会ってきたということは間違いありません。

ただし、その程度の差というのは、世界の人口からすれば「誤差の範囲内」です。例えば、同じ日本人であったとしても、大半の人とは一生で会うこともなく終わっていきます。移民が増える環境になれば、「何をもって日本人か」ということさえ難しくなるかもしれません。現にヨーロッパにおいては、そのような状況になりつつあります。

多文化共生の時代と言われています。

そういう時代に必要なことは、「想像力」をどこまで発揮できるのか、そして「想像力」を発揮した上で他者に対してどこまで「共感」することができるかということだと思います。

相手が、どんな風に考えているかを想像する力。いろいろな視点があることを認識して行動する力。そして何より、共感できるかということ。これらが必要です。

そのためには、「自分が分かっていないということを常に認識」し、「五感を通して多くのことを経験」し、「さらには歴史を学びながら多面的な物事の見方を養う」ことが必要になります。

歴史を学ぶとは、年表を覚えることではなく、想像し共感することです。

calling

3年生の皆さんは、これから就活を始め社会人になります。社会人となることについて多くの不安があると思います。自分が社会人として通用するのか、天職といえる職業につけるのかどうか等、さまざまなことを考えているに違いありません。

では皆さんは「天職」のことを英語で何というか、ご存じでしょうか？

「calling」と言います。呼ばれるという意味です。

仕事の基本は「何々君、ちょっとこの仕事を、やってもらえないか」から始まります。自分がこの仕事をやってみたいというよりも、この人にこれをやらせてみようという所がスタートです。

つまり、仕事は、仕事の方からやってくるのです。

それは、何歳になっても変わりません。

「あなた、これをやってください」と言い、期待通りにやってくれれば次の仕事もお願いします。しかし、期待を大きく下回るのであれば、次の仕事をお願いする可能性は低くなります。つまり呼ばれなくなるのです。

社会人の評価は、人がするものです。

今日の講義も、私から「やらせてください」と言ったわけではありません。

「やってください」と言われて、ここに来ています。

「あの人なら、やってくれる」と思った人がいて、指名されて今ここにいるのです。

一番わかりやすい例えが今回の清水エスパルスの人事です。

皆さんは、今回社長に就任した山室さんという方の経歴をご存じですか？

彼は三重県の出身。立教大学から第一勧業銀行、今のみずほ銀行に入行された元銀行員です。学生時代はサッカーではなくラガーマン。

みずほ銀行時代は支店長として16期中15期表彰を受けました。みずほ銀行を退職して千葉ロッテマリーンズの社長に就任し、球団史上初の黒字化を実現して退任しました。

その経歴を見て清水エスパルスの母体となる会社のオーナーが白羽の矢を立て、何のつてもない所から直に交渉し、この度社長に就任しています。

「三重県出身」「ラガーマン」「銀行員」「プロ野球の球団社長」という経歴は、静岡にもサッカーにも何の縁もゆかりもありません。しかし実力があるから、calling、清水エスパルスに呼ばれました。

そして、監督人事。新聞にも出ていましたがクラモフスキーという監督。この方は、これまで監督経験がありません。しかし、横浜マリノスのヘッドコーチとしての手腕を見込まれて、エスパルスの監督に就任しました。「あの人ならやってくれる」と評価され、「やってください」と指名されて来ています。頑張っていれば仕事の方からやってきます。

一方で篠田監督はコーチになります。新監督は41歳、篠田前監督は48歳です。昨シーズン途中でヨンソン監督から交代し、J1残留を果たしたのに今期はコーチになります。誰も監督からコーチに戻りたい人なんていないと思います。

私もエスパルスの役員をしているので、ついこの間まで「監督」と言っていました。「残留ありがとうございます」とも言っていました。

しかし、これからは、再度、コーチと呼ばなければならない。明日から私は、エスパルスの鹿児島キャンプを視察しにいきます。土曜日には選手と触れ合う機会もあるので、もしかしたら、清水銀行の専務が来たといった形で、エスパルスのホームページに載るかもしれません。

クラモフスキー監督、篠田コーチを激励させていただきます。

私の同級生に松本山雅ＦＣの監督だった反町さんという人がいますが、彼は「監督には2種類しかない」とブログに書いていました。

「首になった監督」と「これから首になる監督」です。人を育てるのは出会いと試練だと思います。頑張っていれば誰かが見ています。そして呼ばれます。世の中というのはそういうものだと思います。

これから皆さんが社会人になって希望の会社に入ったとしても、やりたい仕事ではないことをすることがあるでしょう。しかし、頑張っていれば誰かが見ていてくれます。いつか必ず次の仕事が回ってきます。

「どうしても、これでなければ嫌だ」というこだわりは持たない方が良いと思います。

では、calling されるために大切なことは何でしょうか？

皆さんが旅行するに際して「目的地を決めるために必要なこと」は何だと思いますか？

例えば皆さんがニューヨークに行くとします。

メトロポリタン美術館だとか、自由の女神、エンパイア・ステート・ビルディングだとか、ミュージカルだとか、たくさんの見どころが、ニューヨークにはあります。

しかし、もし現在すでにニューヨークにいるのであれば、それは旅行ではなく日常です。今現在、ニューヨークにいたとしたらニューヨークが旅の目的地になることはないということです。準備の仕方も変わります。

つまり旅の目的地を決めるのに一番大事なことは「今、自分がどこにいるかを知る」ということなのです。ただ、採用で面接をすると、「自分の立ち位置が分かっていない方」が結構います。そういう意味でまず自分というものを客観的に見つめ直すことにより、自ずと見えてくるものがあると思います。

仕事も一緒です。自分の立ち位置が分かっていない人がいます。自分の能力であるとか、自分の立場が分かっていない人は、何を努力する必要があるのか、どう振る舞えば良いのか、分かっていないことが多いです。

そういう人を数多く見てきました。何が不足しているのか、どのような努力をすべきか、が分からない人。残念な人で終わらないように、自分の立ち位置をしっかり認識する必要があると思います。

COMPANY

会社（COMPANY）の語源をご存じの方はいますか？

（生徒の一人が手を上げ、「一緒にパンを食べる人」と答える。望月専務が「良く知っていたねえ、すごいね」と言うと、嬉しそうな様子を見せる）

COMはともに、PANY(PANIS)はパンを食べる。「ともにパンを食べる仲間」ということです。日本にも「同じ釜の飯を食う」という表現があります。

古今東西「お酒を注ぎ合う」「食べ物を分け合う」というのは生きて行く意味でとても重要なファクターなのだと思います。

日本ラグビーも本当に長く苦しい合宿の結果「ONE TEAM」となり、ワールドカップであのような素晴らしい結果をつかむことができました。

良いチームワークを発揮するためには、そういう感覚を持ち合わせることが大切です。特に社会人として組織で働く上ではそういう感覚が重要になります。

今「働き方改革」で在宅勤務（テレワーク）の方も増えています。働き方が多様になっても、「一緒に同じ職場で時間を共有する」ということは、重要なファクターであり続けると思います。

サークル活動でもゼミ活動でもそういう感覚が分かっているかどうかが、大切なことだと私は考えています。

これからの世の中

「静岡と日本の未来のために自分に何ができるのか」「未来を予測するのではなく構想する」の2点について話します。

2つの指標があります。1つは2011年から2020年の世界の政府債務の対GDP

比の推移。そして、もう1つは、世界の1人あたりの購買力平価GDPのランキングです。購買力平価GDPというのは、同じ尺度でならした場合の1人あたりの購買力ということになりますが、2018年現在で日本は31位となっています。

これが日本の立ち位置です。「自分だけ困難なことから逃げる」という感覚をすべての人が持った場合、日本の相対的な地位はさらに下がるでしょう。グローバルな競争社会の中では、競争相手は世界に生きる人たちだからです。

1人でも多くの県立大学の皆さんが、静岡そして日本の未来に貢献いただけることを願い、清水銀行は組織としてできることを精一杯取り組み続けるつもりでいます。

また個人的にも私は未だ56歳なので、人生100年の時代においては、皆さんが社会人となる1年数カ月後もさらにはその先も共に現状に立ち向かっていくつもりでいます。

そのような意味で、「皆さんにとって」というよりこれは「私にとっても」も含まれますが、今の時代に生きる人間にとって大切なのは「未来がどうなるのか」の予測では無く「未来をどうしたいか」の構想だと思います。

今、私たちが暮らしている世界は、偶然の積み重ねで出来上がっているわけではなく、どこかで誰かが行った意思決定の集積によってできています。

過去の結果が今だとすれば、「未来を描く」のはこの瞬間からの人々の意思決定の集積ということになります。
だから「未来を構想する」というスタンスが大切です。
皆さんとともに、社会人として働ける日を楽しみにしています。

第三章

人生最大のターニングポイントを大切に

清水銀行代表取締役会長 豊島勝一郎　講話

I

２００８年1月17日

この年の9月15日、リーマンブラザーズ証券が破たんし、世界は同時不況に。当日の日経平均株価終値は１３，７８３円45銭。会長は専務取締役。

清水銀行のいろいろな部署の人間が講義をさせてもらってきた。しっかり伝わっているか、不安な面もある。しかし、みんながそれぞれの思いで、私につなげてくれたので、私はしっかりとお話をしようと思う。

学生時代、キャンパスのベンチに座り、文庫本とよれよれのたばこの箱を持ち、何時間も人が行き来するのを眺めて過ごした時間があった。

時間がたっぷりあった。

もう一度、20歳になって、キャンパスに戻りたいと思う。

学生時代は、自我に目覚め、思いっきりナルシストになればいい。自分は結構いいやつだなと思っていればいい。それが許される時代だから。

その一方で、皆さんは職業を考える時期を迎えていると聞いている。職業を選ぶその時期が、人生で一番大切なターニングポイントになる。しっかりと職業を選んでほしいと願う。


銀行に入って27年になる。

素晴らしい時を過ごしてきた。

例えば、こんなケースを想像してほしい。

40歳の夫婦。中学生の子供と小学生の子供がいる。この家族がマイホームを持とうと考える。値段は3，000万円、自己資金は1，000万円とする。

この家族は銀行に行き、2，000万円の住宅ローンを組み、夢を実現する。

しかし、もし銀行がなかったら、20人の友人、知人に100万円ずつ借りる話をして回らなければならなかったかもしれない。

自己資金がたまるまで待とうと考えたら、子供が巣立ってしまっているかもしれない。

成長していく子供とその家で一緒に過ごしたいと思ったらお金がたまるのを待ってはいられない。

そんな時、銀行員は住宅ローンをお貸しし、お客さんに喜んでもらうことができる。

次に事業性について考えてみる。

ある会社が、売り先はあるが仕入れの資金がないとする。

この場合、銀行はこの会社に融資する。

このようにして銀行は社会に貢献することができる。

社会に貢献してきたという自意識を持てることに、この職業を選んだ喜びがある。

病気で倒れ、死の床に就いた時、人は何を考えるか？

私なら、自分は社会で何をしてきたのか、少しは貢献してこれたのか、この仕事をして良かったのか、世の中の役に立ってきたか、と思うに違いない。

銀行員は、社会に貢献できる仕事だ。そういう職業に就いたことを私は素直に良かったと思っている。


皆さんはアルバイトをやっているに違いない。

頑張っておられると思うが、アルバイトと正業は違う。

そもそもアルバイトは、学生である期間だけという大前提があるだろう。

嫌なら辞められるし、雇う側もそう思って皆さんを雇っている。

つまり、アルバイトは自分の都合の良い時間でするものだが、皆さんが就職して就く正業は、毎日続けていくことが永遠に続くことである。

何があっても、つらくても、苦しくても、つまらなくても逃げられない。

アルバイトでも勉強は必要だろうが、短期間で習得できるのではないか。

しかし、職業はそんな次元ではない。

勉強を永遠に続けていく、努力を永遠に続けていくことが求められる。

しかし、それは素晴らしいこと、価値のあることだ。

だから、職業選択が大切なのだ。

社会に貢献していけるかどうか、を考えて職業を選択すると良いと思う。

そうすれば、努力を続けられる。

今、市場は大荒れである。日本の株が突出して安くなっている。

サブプライムローンが原因といわれている。

そのことはこの講義でも勉強したと思うが、アメリカがサブプライムの影響で景気が悪くなることで、アメリカに輸出している日本企業の業績が悪くなると懸念されて、売られているという。

しかし、それだけではない。

日本の株は6割～7割を外国人が買っている。

その外国人投資家が、日本の企業は魅力がないと感じ、日本をスルーする「ジャパンパッシング」という現象が起こっている。

日本の銀行はサブプライムローンでは、世界で最も傷を受けていないといわれている。

それにもかかわらず、外国人は「日本は駄目だ」と思っている。

このことについて、どう思うか？

日本の政治をどう思うか？

そういうことに興味を持ってほしい。

みんなが考える時間があるという大学生の特権を使わないともったいない。

そういう時間の使い方をしてほしい。

継続することが大切だ。腕立て伏せだって、毎日続ければ体つきが変わってくる。

自動車販売でトップのセールスマンを知っているが、彼はほとんどしゃべらないようなタイプだ。

しかし、約束を守る。

いつも淡々と、どんな状況の時も同じように約束の時間に現れる。

例えば、20人のお客さんとの約束を、同じように守るというのは、実は大変なことだ。

なぜなら、20人お客さんがいれば、２００万円のお客さんもいるし、５，０００万円のお客さんもいるだろう。

そのすべてのお客さんとの約束を同じように守るのは、決して簡単なことではないからである。

そこで彼が作っているのが信用だ。

皆さんには親友がいるか？

仲の良い友達、メール友達はいるだろうが、親友はどうか？

そういう友達を親友と呼ぶ場合、何を尺度にするか？

私は親にも言えないようなことを相談してもそれが広がらないことだと思っている。

人に相談するときは、解決の方向性は出ていることが多いのではないか。

それを受け止めてくれ、話が広がらないという信用があるから、その友達に相談する。

それが信用しているということだと思う。

そうした信用は時間をかけて作られている。

センター試験が今度の土日にある。

その受験料を振り込む受験生がいたとする。

もし銀行がうっかりして送金しなかったら、この受験生は受験資格がないと言われて受験できなくなってしまうかもしれない。

3校15万円だとすると、それは親御さんが、パートをして一生懸命貯めたお金かもしれない。

そんな大事なお金を送金をする。

そんなとき、この受験生の親は、清水銀行で送金をお願いしたから大丈夫と、清水銀行を信用して、送金している。

信用は時間の経過の中でしか生まれない。

清水銀行は創立80周年を迎えるが、80年かけて培われてきた信用が、私たちにはある。

そのことを、ものすごく誇りに思う。

時間をかけて作られてきた信用が、私たちにはある。

先輩が培い、私たちが引き継ぎ、そして今は後輩がしっかりと信用を作っている。


サラリーマンとは給料を貰っている人、組織人である。

サラリーマンにはいろいろな目標がある。事務の事故を起こさないというものもあれば、定期預金をこれだけ獲得するといったものもある。

そして、成績が良いと金一封をもらえることがある。

たいした金額ではない。３千円とかそんなものだ。

それでみんなで飲みに行く。

何千円でもものすごくうれしいのは、みんなで頑張って、目標を達成したという共有感を分かち合えるからだ。

チームで仕事をしたという思い出。あの時、彼を信用してこの仕事をやったという思い出がサラリーマンの財産だ、と思う。

もし、お金が大事という所に尺度を置くなら、自分で事業をしなさい。

サラリーマンは、役員になろうがなんになろうが、収入に大差はない。

サラリーマンで、大金持ちになるのは難しい。

しかし、チームでこの仕事を達成しえたという財産は得られる。

そして、その支店を異動で離れた人たちが、誰かの号令で集まる。

今は別々の支店にいる人たちが、一緒に仕事をした時の話をする。

そこに、働き甲斐がある。

だから、やる気のないやつは社会で嫌われる。

さめたやつ、空気が読めないやつ、斜に構えたやつが、そんなメンバーの中にいたら、どう感じるか？ どう思うだろう？

他人に対して思いやりを持つことは最低限のルールである。

一生懸命、それに参加し、維持していくことはルールだ。

だから意欲を持たなければいけない。

ある政治家と話をしたとき、その方は、日本のテレビのゴールデンタイムは吉本興業を中心とした50人の芸人に占拠されていると言った。

確かに、そうした番組は面白く、私もアハハハと笑って見る。

島田洋七が、M-1グランプリでアンタッチャブルが優勝したとき、普通は褒められるボケではなく、ツッコミの方を褒めた。ああプロはこういう見方をするのか、さすがだと感心した。

そんな具合だから私も好きなのだが、それは3カ月、1年後には、おそらくはイメージくらいしか残らないと思う。

才能があり、感性が豊かな今、夜7時から10時までの大切な時間を、そんな番組ばかりで使ってほしくないということだ。

それではもったいない。

小学校低学年の先生はすごいと思う。なぜなら、その生徒の人生を決めるくらいの影響力を持つと思うから。

ちょっと気障《きざ》だが、字を書く。

青春＝皆さん

→赤夏＝男盛り、女盛り、働き盛り

→白秋＝老後に達していかんとする時期

→玄冬＝老後の中でも少し弱くなっているイメージ

相撲の赤房下、白房下にはこんな意味がある。

庄司薫の「赤頭巾ちゃん気をつけて」「さよなら怪傑黒頭巾」「白鳥の歌なんか聞えない」「ぼくの大好きな青髭」はこれを意識してタイトルが付けられている。

このように興味を持つと、どんどんいろいろなことに気づく。

それはとても面白い。

例えば、雲が流れていくのを見るとする。

皆さんは、幼年期に見た記憶としか比較できない。

自分のいる時期によって感じ方が違う。

赤夏になったら、青春期は回顧するしかない。

だから、青春の今を大切にしてほしい。

時間を大切に。

職業はしっかり選ぶ。

親友を持つこと。

そんなアドバイスを送りたい。

青春の今は、自分自身を変えられる最後のチャンスだ。

もったいない時間の過ごし方はしてほしくない。

今、私は人事も担当している。

研修は、1,000人の行員の銀行で、1人×5日で年間5,000日研修を掲げている。

そうした研修では、私ができるだけ行員に語りかけている。

すべる時もある。

伝わっているかどうか分からないが、それでも期待して語りかける。

人財育成を中期経営計画の第一の柱にしている。

それはこれからも変わらない。

人材の材は材料の材と書くのが正しいのだろうが、仲間とチームで仕事をすることで、それが財産の財になる。

もし一緒に働ける機会があったらなと思う。

Ⅱ

2009年2月4日

講義直前の1月20日、第44代アメリカ大統領に47歳のバラク・オバマ氏が就任。
「YES　WE　CAN」「CHANGE」が流行語に。
当日の日経平均株価終値は8，038円94銭。会長は専務取締役。

この講座も、7名の講師による13回の講義を経て、私がお話しさせていただく番になった。私は今でもできることなら、学生時代に戻りたいと思うことがある。かけがえのない時代を皆さんは過ごしている。そんな皆さんにお話をということで、森先生もおられる中だが、お話をさせていただこうと思う。この時間は私にとっても重要だ。

毎日、何かが起きている。ニュース、新聞を一生懸命見ているだろうか？　見てほしい。なぜなら、私たちは経済の中で生きているから。私たちが相手をするのは、「人」だからだ。

「人」は常に変化している。あらゆる人が「年齢」を重ねる。従って、自然発生的に「変化」が生じる。

「人」に対比されるのは「企業」だが、その「企業」の最大のリスクは「事業承継」である。社長が一代で会社を興し、苦労して育てあげる。息子は、そういう苦労をしていない。だから、お父さんの作り上げた超優良企業が、息子の代になると、倒産してしまったりするのだ。

「企業30年説」というものがある。企業は、30年で寿命が来るという考え方だ。最近では、企業15年説と言う人もいる。「人が変わって、環境が変わる」。その中で私たちは生きている。そして、生きていく上では「競争」がある。「競争」に勝たなければ、生きていけない。それが「企業」なのだ。だから「前」と同じことをやっていては駄目。ゴーイングコンサーンといって、企業は永続していくことを目指す。そのためには、日次、週次、月次、四半期、半期、通期で見直し、変わらなければならない。

上場企業の中で老舗といわれている企業が、実は大きく姿を変えていることがある。私たちはマーケティングの研修も行っているが、その中で紹介された事例として、ブラザーやＨＯＹＡという会社がある。ブラザーは、私たちの感覚ではミシンの会社だったが、今ではコンピュータの会社だという。同じくＨＯＹＡは、メガネのレンズやガラスの会社というイメージがあったが、今ではコンピュータの部品で世界的なシェアを持つ会社になっている。もし、ブラザーがミシンを作り続け、ＨＯＹＡがメガネのレンズに特化していたら、優良企業であり続けられなかったかもしれない。しかし、ブラザーもＨＯＹＡも、姿を変え成功した。このように事業は展開されていく。

だから、新聞やニュースに鋭敏になる感覚が大切だ。世界は同じではないから。それが皆さんのやがて入っていくビジネスの世界でもある。

世界で一番影響力を持っている国はどこだと思うだろうか？　私は、常にそういうことを考えている。学生時代にそんなことを考えて過ごしたとしたら、素晴らしいことなのではないか。そういう時間が、将来の皆さんの財産になる。私の答えは、今は言わない。皆さん自身で考えてほしいからだ。

エジソンの話をする。エジソンは、皆さんにとって、天才的な発明家、偉人としてイメージされているのではないか？　私の受け止め方は全く違う。私にとってエジソンは、ＧＥ(General Electric)の創業社長であり、起業家だ。例えば、彼は電灯を発明し、特許を取り、それを国家に売った。そのことで、それまで夜道はランプで部分的に照らしていたものが、電気で全体を明るくすることができるようになった。彼は、国に電気を敷設させることで、アメリカを変え、世界を変えた。まさに「偉大なセールスマン」だ。こういう見方をしてほしいと思う。

理系の学生は、メーカーに就職し、新商品の開発をしたいとよく言う。そういう仕事を得たとしても、会社は、1つのテーマをずっと研究させてはくれない。企業は学校ではない。5つも6つも、同時に新商品の開発を行わせるだろう。そして、どうにかなりそうなものに、予算付けがされる。その基準は「儲かるか、儲からないか」だ。

「儲かる」と思われるものに、予算が付く。

カラーテレビは常に198，000円という価格を意識して新商品開発がされているそうだ。最新鋭のカラーテレビが198，000円で売られる。1年もすれば、型が古くなって、価格は下がってしまう。するとメーカーは、今までなかった付加価値をつけて、また新型のカラーテレビを198，000円で発売する。つまり、メーカーは198，000円という価格を維持するために、付加価値をつける研究開発を続けているのだ。付加価値のストックは、常に4つ、5つ、何年分もあるといわれている。そこに生きがいを感じていくのが理系の人間ではないか。

文系の話をする前に、ひと言、静岡県立大学の皆さんは恵まれているという話をしたい。

私は大学時代、マス（大人数）で授業を受けていた。ものすごい人数の学生が同時に授業を受けていたので、私は、先生にとって大勢の中の1人に過ぎなかった。しかし、皆さんは少人数で、教授とコンタクトがとれる関係で講義を受けている。それが、私にはうらやましい。もし、私が皆さんだったら、それを利用し、先生を放さなかったと思う。森先生を質問攻めしていたに違いない。皆さんは恵まれた環境で勉強をしている。

では、文系についてはどうか。私は文系は社会科学だと思っている。私たちに、研究開発をしろと言っても、できない。しかし、その代わりメーカーのありようを理解することはできる。理系の人間が新商品を開発し、市場に出したいという。私たちは、メーカーがそれで勝負できるかどうかを判断する。

その役割分担。従って、その判断ができるかどうかが問われる。そのためには、好奇心、興味を持って社会に馴染んでいくことが必要だ。私たちがマーケティングを勉強するのも、そのためだ。マーケティングは行動心理学だ。例えばコンビニの陳列棚を思い起こしてほしい。そこにはルールがある。ひょい、ひょい、ひょいとお客さんが商品を買ってしまうように動線が研究されている。彼らにとって、陳列は重要な問題だ。陳列を失敗したとしたら、倒産ということにもなりかねない。だから必死で研究する。その感覚を研ぎ澄まさなければならない。だから、皆さんに「新しいもの好き」になってほしい。

文系は物を売る仕事につくことが多いと思う。売るのは大変。私も若い頃、ノルマを課され、一生懸命売った。私は笑顔と話法を研究した。だから笑顔と話法には自信がある。はっきり言って、どんなものでも売れる。どんなに高くても売れる。どこかで誰かが、それを欲しがっているからだ。「こんなもの」と思うものを、買う人がいる。買う人がいるということは、それを売った人がいる。営業の成績の悪い人は、商品のせいにする。「値段が高すぎて売れません」「商品に魅力がないから売れません」などと言う。しかし、その商品を「売る人間は売ってしまう」。その商品で笑顔になる人を知っているからだ。皆さんは、どちらの人間になりたいだろう？

今年一番のニュースは、オバマ大統領の誕生だ。日本時間では1月20日早朝に就任式があった。これを生でテレビで見た人はいるか？（誰も手をあげない）

これが現実だ。私はそれを生で見た。世界が今、この瞬間から変わるかもしれない。その瞬間を体感したい。そう思ったら、寝ているわけにはいかなかった。私は、わくわくしてテレビを見た。

昭和36年1月20日、ケネディ大統領が誕生した。ケネディ43歳、オバマ47歳。どうしても、ケネディをオバマと比べてしまう。ポジティブで、アグレッシブで、若くて、格好がいい。

そのケネディの就任演説は感動的なものだった。私も何回も見ている。国家と国民の関係を説いた部分や、人類が月に初めて着陸するという希望が語られた部分が有名だ。しかし、当時は画像を伴う同時中継がなく、録音や文章で世界に発信されたにすぎない。それを、昭和36年当時の学生たちは、どれくらいの関心を持って受け止めたか？　どれだけの関心を持って、そのニュースに臨んだか？　私は、そういうことにものすごく興味がある。おそらくは、今の学生よりも、高い関心だったと思う。当時は、社会を変えていくのは自分たちだ、という高揚感が大学生の間に強かったのではないか？　皆さんには時間がある。朝4時に起きても困らないはずだ。だから、エキサイトして臨んでほしい。そういう学生時代を過ごしてほしい。口角泡を飛ばして、いろいろなことを議論してほしい。心を磨いてほしい。それが私の皆さんに対する希望だ。人に材料の材と書いて人材という。しかし、その材料は、世の中の財産になる。

繰り返して言う。人に材料の材と書いて人材という。しかし、その材料は世の中の財産だ。皆さんは、やがて地域にとって必要な財産になる。人財こそが、地域の礎だ。だから、私は、皆さんに期待している。

若い頃は、社会に反発する気持ちもあるし、疑問を感じることも多いと思う。私もそうだった。社会の矛盾に対して従順であってはいけない。反発心は、理由のない反発でもいいと思う。しかし、無知は恥ずかしい。

島田紳介が子供100人を相手にするテレビ番組を見て、感心したことがある。世の中には、つまらない、面倒くさい、嫌だということがたくさんある。学校がつまらないという子供たちに対して、紳介は、「自分が面白くしてやれ」と子供たちを諭した。「つまらないなら、君が面白くしてやれ」。

お笑い芸人がテレビのゴールデンタイムをジャックしている。吉本の芸人がテレビを席巻している。ドラマはお金がかかって最近は視聴率も取れないので、バラエティ番組が増えているのだという。クイズ番組といっても、吉本のお笑い芸人が中心で、ワハハハと笑っておしまいだ。こういう番組を深夜までずっと見ていて、何が残るのだろう。頭が退化するだけではないか？　昔、テレビにより「一億総白痴化」が進むといった人がいたが、今のテレビ番組の作り方を見ていて、私は、そういう危惧を感じている。自分で考え、試行錯誤しないと頭は退化する。

子供に勉強を教えると、子供はよく「それは教わっていない」と言う。私は、そんなとき「自分で知れ」「今、知れ」と言う。勉強とは、そんなものではないか。大人になったら「教わっていない」は通用しない。自分で知れ、今知れ。一方で「教わったこと」は忘れている。なぜかというと、知識を自分で使っていないからだ。端的に言うと、知らない人が悪い。無知は「恥」なのだ。

たとえ「教わっていない」としても、「勉強の仕方」や「ものの調べ方」は教わっている。国語辞典が引ければ、英和辞典も引ける。ものの調べ方が分かっているなら、自分で調べられるはずだ。社会の知識や情報は、そうやって自分で得ていかなければいけない。そこを面白がってやる。楽しくやる。それが大切だ。紳介が言うように、自分で楽しくすればいい。知識を得ることは面白いし楽しい。皆さんは、これから職業を選ぶ。私は「清水銀行の豊島です」。それ以上でも、それ以下でもない。清水銀行と私はリンクする。職業とはこんなものだ。ミスやトラブルに際し、私は行員に「お客さんにとって、あなたは清水銀行以外の何者でもないのだからね」と言う。

行員の対応は、お客さんにとってその行員個人ではなく、清水銀行の対応として受け止められる。それが組織人、社会人だ。


よく面接で、アルバイトの話をする学生がいる。「アルバイトを頑張りました」などと一生懸命話をしてくれる。しかし、私はアルバイトを全く認めない。アルバイトはアルバイトだ。アルバイトは普通2日か3日、仕事を教わって、次から1人でこなすことになる。では銀行の仕事を1週間教わって、何ができるか？　私は、20年、30年やって、まだせいぜい3分の1か3分の2くらいしか仕事が分からない。それほど奥が深い。私には、まだ勉強しなければならないことが、たくさんある。銀行の研修で、よく名工の話をする。名工は70歳、80歳になっても、勉強を続ける。努力を続けられるから名工たり得る。また、この姿勢をずっと保っていくから信用される。私は、行員にも名工になってほしいと思っている。これが目指す所だ。続けていくこと、維持していくことは大変だ。続けられないのは「つまらないから」という人がいる。私は、つまらないのは、分からないからではないかと思う。知らないからつまらないのではないか？　知れば好奇心が沸いてきて面白くなる。そういうものだ。

体育会系の学生がいる。就活でもそれを「売り」にする。しかし私はそこにも価値を認めない。だって、それは「好きなことだから」でしょ？と思う。体育会で厳しい練習に耐えてきた、続けて努力をした、と言うが、それは好きなことだから続けられただけではないか？と思うのだ。好きなことは続けられる。彼が好きではなく、苦手な事務の仕事を何年も続けろと言われたら、それに耐えられるだろうか？　体育会系で4年間、続けられたことと、社会に出て続けることは結びつかないのではないか？　もし、この体育会系の学生が有能なら、やがては管理職になっていく。その時、彼の特性は営業だけで、将来どうするのか？　私はそこまで考える。体力は確かに必要だ。丈夫で健康を維持できるのは一つの才能だ。しかし、苦手でつまらないことに耐え抜く力が彼にあるかどうか、そこが問題である。

私は、信頼し合えるチームで仕事をしている。企業は人の集合体だ。5人、10人、15人、20人がチームを組んで仕事をする。私は、チームで仕事をすることに喜びを感じている。私は時に矛盾したことも言う。無理難題を言うこともある。

しかしスタッフは、よくそれに応えてくれる。若い有能なスタッフが、私を支えてくれている。私は、そんなチームを持てて幸せだ。社会での仕事は、学生時代の「サークル」の延長のような気がする。私は学生時代、ラテン・アメリカの語学や音楽、政治経済を研究するラテン・アメリカサークルの部長を務めた。私より優れた人もいて、私は簡単に論破されながらも、みんなの意見を聞きまとめた。その経験は今も生きている。皆さんは社会に出るとチームで仕事をする。それは、とても素晴らしいことだ。そんな世界が皆さんを待っている。

清水銀行は今、年間5，000日、6，000日の研修を行っている。その1つのテーマとしてマーケティングがある。銀行員は、税務、法務、財務の知識がベースとなる。それらは絶対に必要な知識だ。それに加え、外国為替、証券業務、保険業務の知識が必要となる。それらは銀行員の基礎知識といったものだ。しかし、それだけでは十分ではない。銀行はお客さまと接する仕事なので、お客さまの商売を学ばなければならない。そこで2年前、私たちは、新入行員から役員までが、同じマーケティングの通信教育を受講した。そこで使われている言葉を、共通項にしようとしたのである。その時、私はBMWという言葉を作った。若い皆さんなら、ベーンベーを思い出すだろう。ビジネス・モデル・ワーキングといい、取引先の企業のビジネス・モデルを理解して、一緒に考えようということを訴えたわけだ。それが、今、根付いてきていることを感じている。この感覚を研ぎ澄ませてほしいと思う。ひと言で言えば、「感性」だ。

若いということは、私にはうらやましい。皆さんが、これからどう飛躍するのか?楽しみだ。心と体を磨いてほしい。社会で働いて、充実した人生を送るために、学生時代を大切に。会社関係で、就活に動いている人も多いだろう。もし良ければ清水銀行を志望してほしい。清水銀行は、皆さんを待っている。

Ⅲ

2012年2月1日

7月にロンドンオリンピックが開催され、日本勢が過去最多のメダル獲得。5月にはスカイツリー開業。12月には第二次安倍政権が発足し、アベノミクスがスタート。当日の日経平均株価終値は8，809円79銭。会長は代表取締役副頭取。

こうやって皆さんの前でお話しするのは、3回目となる。今回は、この講義が少しマンネリズムに陥っているのではないか、と僕なりに感じる部分があり、登壇させていただくことにした。平成17年に開講し、「地域金融論」は今年で7年目となる。長く続けられてきたのは、講師を変え、テーマを変え、話の内容を変え、マンネリズムを排してきたからだ。

銀行に入って31年、32年。振り返ると自分の名刺が20枚になった。転勤があって、肩書が変わり、その間、お客さまの名刺もたくさんいただいた。それが職業人としての歴史なのだろう。

僕は恵まれていて、支店と本部を行ったり来たりしてきた。本部は主に企画部門だったのだが、営業店と本部をバランス良く経験させてもらった。若い頃、スーパーカブというバイクで、個人の家庭を回ったこともある。修羅場も経験した。人の人生を左右するような経験も数多くした。ハッピーだったと思うし、そういう意味では、銀行に育ててもらったとも思う。

銀行として海外視察研修というものがあるが、最近は、ヨーロッパを3回見てきた。スペインでは、あちらの銀行の頭取と片言の英語ではあるが、やり合ってきた。

ギリシャ問題でポンドが下落し、世界経済を震撼させていることは知っていると思う。そんな中で、スペインは失業率が2割、3割のレベル。職がなくて困っている。

日本も切迫感があるが、ヨーロッパの切迫感はもっとすさまじいものがある。

失業率が2割、3割なんていう国の銀行のトップに、日本経済のシステムを言われてたまるか、と大和魂が頭をもたげた。

大和魂などという言葉は、流行らないし、皆さんにとって、つまらないかもしれない。明治維新まで遡らなくても、高度成長期の日本人は、海外に出て営業をかけた。それを支えたのは、「負けてたまるか」という思いであり、日本人としての使命感だった。

だから、2、3日不眠不休で交渉するなどということが、当たり前に行われていた。それでもやり抜いてきた。

それが、日本を世界でも認められる先進国に押し上げ、経済を発展させてきた。そういうときが、皆さんにも必ず来る。

日本人としてのプライドを懸けて、世界と戦うときが、また来るだろう。

ヨーロッパを見てきて、感じることをお伝えしたい。スペイン、イタリア、ギリシャといった弱い国をどうやって回復させるかが、大きなテーマとなっている。

一方で、ドイツは冷静というか、冷徹である。自助努力しなかったら、協力できないといった考え方が基本となる。

イギリスは既存の社会インフラを最大限活用するということで、オリンピックの開催を誘致した。ひと言でいえば、落ち着いている。

なぜ、オリンピックの運営が難しいか、といえば、守らなければならないものが多すぎるからだ。

新規の開発をしようとすると、守っていかなければならない名所旧跡、歴史的建造物等が多すぎて、開発ができない。

命題としては、そのメンテナンス費用もかかる。

話をもとに戻すと、イギリスはヨーロッパのイギリスではなく、世界のイギリスだという意識が強い。

ユーロには入らず、ポンドを守り抜いていることからも、それが分かる。

それに対し、フランスは、ヨーロッパの盟主という意識を持っている。フランス国民は、ヨーロッパの代表だ、と思っている。

だから、ヨーロッパを支えていくのはフランスなのだろう。

これは、あくまで私の感想にすぎないかもしれないが、ヨーロッパの歴史が、ゲルマン民族の大移動からきていることは、歴史で学んだ通り。

イギリスはバイキングが祖先。そうしたことからも、民族的な意識が色濃く反映されている。

そこを見なければ、分からない。

オリンピックというテーマをもう少し、掘り下げてみたい。

イギリスのような、発展し、成熟した国でオリンピックを開催する際には、既存のもの（インフラ）を活用して開催する。

ヨーロッパでオリンピックが開催されたケースでは、ほとんどがそういう形となっている。しかし、アジアで開催されたオリンピック、例えば、北京、ソウルでは、世界的なイベントに対し、社会インフラを整備しなければならず、経済効果が大きかった。国力のアピール、国民の意識発揚、そんな効果があった。

日本もまた、１９６４年の東京オリンピック、そのあとの大阪万博の時は、急激な経済成長を遂げていった。

オリンピックが契機となって、国の力が増していった。

しかし、ヨーロッパのオリンピック、アテネ、バルセロナはどうだったか？　オリンピックによる経済効果、大きな発展性はなかった。バルセロナではガウディの寺院がずっと工事中となった。

観光業が中心の国であり、観光業に従事している国民が多いので、それらの資源を活用するために、工事が行われたのである。

それよりは、製造業中心の国で開催したほうが、オリンピックは経済的な効果を発揮する。ブラジルはどうか。ブリックスの一員であり、資源が豊富。おそらくは、オリンピックを契機に、経済成長をしていくだろう。

日本は中国に抜かれてＧＤＰが3位になったが、いずれブラジルにも抜かれるのではないか。ブラジルには資源国の優位性がある。

次世代を担う皆さんには、抜かれたものを、僅差でいいから、抜き返してほしい。もう一度、そういう時代が来る。

それを担うのが、若い皆さんになる。

銀行員という職業について話す。

昨年（2011年）10月、皆さんの仲間の書いた論文を見せてもらった。森先生のゼミの学生たちが書いたものだ。素晴らしい内容だった。

銀行員は、ベンチャー企業にもっと積極的に関与していくべき、といった指摘について、反省しなければいけないと率直に思う部分がある。しかし、こんなこともあるよ、ということを3点お話ししたい。

1つは、成功事例、2つ目は失敗事例、3つ目は、あえて何もしなかった事例だ。

まず1つ目。

僕は、いい状態の会社には「行きなさい」「新しい社屋、作りなさい」「同時に次なる商品を持ちなさい」「権利を登記して、守りなさい」とアドバイスした。

「息子がこういうものを手がけている」→「行きましょう」といった具合。

ある会社は神奈川県に工場を買った。

その工場を見せてもらったところ、2台の機械の稼働率が悪い。その2台の機械と、それに従事する工員をどう活用するかがポイントですね、と指摘した。すると社長が、その機械と工員を活用するための仕事を取ってきた。親企業に照会があって、その会社は富士宮に大きな工場を作った。

その会社は震災とタイの洪水で、ヘロヘロだが、新年会で社長と会ったら、社長は「もう1度、1時間、2時間、豊島さんとじっくり話がしたい」と言った。

そういうことが、銀行員はうれしい。

また、僕と話す中で、次の戦略も見えてくるのだろう。

2つ目は、失敗事例。

失敗した話もしなければならない。

その会社は業績は悪いが、技術力はあるという話だった。

担当者がそういうので、僕も信じてしまった。

販路を拡大したいというので、その売り先を紹介したが、これが失敗した。

資金回収もできなかった。夜も眠れない。

後から同業他社に聞くと「(あの会社の持っている技術力なんて)大した技術じゃない」と言われた。

それが分からなかった。

しかし、これを経験できたことはラッキーだった。

3つ目は、アドバイスを見送った事例だ。

会社の状況は把握しているけれども、あえて取り上げず、アドバイスをしなかった。

経営者本人の意志がまだ、固まっていないと感じたからだ。

だから、僕の立場でイエス、ノーを見送った。

経営者本人に委ねたのだ。

時には、そういう選択をしなければならないことがある。

それが、その会社にとって、最も良い結果につながると思うからだ。


皆さんは就職戦線に入っている。

人事担当者は短い時間で、本当に人物が分かるのか?という疑問が皆さんにはあるようだ。

私の面接は最終だが、それでも100人を越える学生を見ている。

結論を言えば「一発で分かる」。

入場してきた瞬間から分かる。世の中は厳しいよ。

パッと会ったとき、何を表現するか、何が表現できるか、そこが皆さんの勝負だ。

では、僕が、わずかな時間に何を見るか?をお話ししよう。

1つ目は「自立性」「自発性」。受け身ではなく、能動的であるか。

2つ目は「コミュニケーション能力」。相対して話ができるか。

3つ目は「理解力」。社会人になってからもずっと勉強だ。

本を読まなければいけない。文章を書かなければならない。

それには学力は必要だ。

その意味では学歴も大切。

少なくともそこに、基準点というものはある。

読みくだして、理解しなければ仕事はできない。

それは、皆さんは身についていると思う。


コミュニケーション能力について話す。

皆さんはアルバイトやサークルでコミュニケーションが取れていたと面接で言うだろう。

しかし、コミュニケーション能力とは、相手にしゃべらせる能力のことだ。

自分の意見を言うことではない。

人の話を聞けるかどうか、それがコミュニケーションだ。

今、私はすごいことを話している。

下を向いている人と、上を向いて私を見ている人がいる。

下を向いている人を、私は相手にしない。寝ているのかもしれない。

その人は、私の話を聞く資格がない。

私だけではなく、社会では相手にされない。

自分に興味を持ってくれる人に話したい。

この人は私の話を聞いてくれると思う人に、皆さんは相談をしているだろう。

こういう時、聞き漏らさないように、集中力を発揮することが大切だ。

皆さんは今まで、親の庇護のもとにいた。

学生なんだから、そうなる。

しかし、社会に出たら、自立しなければならない。

自分の力、自分の持っているもので生きていくのである。

学生時代に読んでおかなければならない本がある。

それを見つけてもらいたい。

大学を卒業して、30年以上たつが、今でも、僕は大学生に戻りたいと思うことがある。

すごく充実した時間を、皆さんは過ごしている。

充実した、楽しい時間が、まだ皆さんにはある。

それを大切にしてほしい。今、大学生という時代を大切に。


人生の到達点で一番大切なものは「友情」ではないかと思っている。

どんなにお金があっても、成功しても、友情をもてなければ、寂しい。

友人はいるか？　親友はどうか？

そんな質問は受けない。

しかし、一人ひとりに「友達がいるか？」と聞きたいし、これが人生の勝負だ。

親友とは、人には言えない話ができるかどうか、だと思う。

この人に言っても、誰にも言わず、広まらないと信頼できる人。

一人ひとりに背景があり、プライベートな悩みがある。

それを、この子には話ができる、その信頼関係が親友だと、これは私の尺度である。

飲み会や軽いメールをしょっちゅうやりとりする人ではなく、ずっと会う時間はないが、会ったら誰にもしていない悩みを語り合える、そういう友達がいるかどうか、が人生で最も大事なのではないか。

それを、皆さんに問いたい。

いるなら、大事にしてほしい。

いないなら、作り上げてほしい。

試験の時間もあるので、本当はもっと話したいが、ここで終了とする。

皆さんに話してあげたい話がたくさんある。

機会があれば、お話ししたいと思う。

一番いいのは、皆さんが清水銀行に入ってくれることで、そうしたら、話す機会があるだろう。

皆さんに大きな期待をしている。

Ⅳ

２０１５年１月28日

過激派組織ＩＳが日本人フリージャーナリストを人質にとっていた時期（１月31日に殺害）で、世界が恐怖に。一方で、ラグビーワールドカップで日本代表が南アフリカに勝利する歓喜も。

当日の日経平均株価終値は１７，７９５円73銭。会長は代表取締役頭取。


おはようございます。

挨拶も重要だ。ちゃんとしたい。

銀行に入って34年間。３年前に頭取になった。この講座は10年目だが、10年前から、人事担当、研修担当の役員という立場で、この講座に関わり、専務の時から、このようなお話をさせていただいている。実は今回が４回目。しかし、頭取になってからは、初めてとなる。

話すにあたって、過去3回の講義録を読み返した。学生は変わっていくから、根幹としては、同じものを話したい。

しかし、私は、銀行でも家庭でも、同じ話をすることが大嫌い。

結婚した時、家内に「もし同じ話を2度、3度、しゃべるようになったら、注意してくれ」と言っていたくらい。

それは、「向上したい」「成長したい」というのが自分の気持ちの中にあるから。だから、なるべく同じ話はしたくない。今回は、今までとは、話の中身を変えている。

皆さんは学生で、これは社会人の会議ではないが、社会人になったときのために、お話ししたい。

社会人のできるやつとできないやつは、すぐに見分けがつく。

できるやつは、今日のこのレジュメのようなものに、会議が始まる前に目を通し、イメージを持って会議に臨む。

事前に目を通すやつと通さないやつ、その差だ。

事前に通読しておけば、これからの講義のイメージを持つことができる。

だから、頭から項目に目を通してほしい。
目を通していただいただけで、話の展開の何（レジュメの項目を通読）パーセントかは頭に入る。

そうならないのであれば、レジュメを作った僕に能力がないということだ。

社会に出た時、今からの時間、方向感はどうなのか、イメージするか、しないかで、大きな差が出る。

そのことを覚えておくと良い。

今日は、メモを取る時間を与えないくらい、スピード感のある講義をするので、鮮明に頭に焼き付けてほしい。

下半期、皆さんで言うと「後期」ということになるが、地域金融論を開講するに当たって、9月の段階で、講師をする十数人を集めた。

仕事を中断して、本部に集まってもらい、この講義の目的は何なのか？ということをミーティングした。

学生にとって、県立大学にとって、清水銀行にとって、どういう意味があるのか？　もっと言えば、何のために、誰のためにやるのか。

一番大切なのは学生。その学生に、何を成果物として提供できるか？

十数回の講義で、銀行の仕事を理解できるほど、銀行の仕事は底が浅くない。

この春で34年間、銀行で仕事をしているが、銀行の仕事で、分かっているのは、半分か、せいぜい3分の1。

一生懸命頑張ってきたほうだが、それでもそんなもの。それくらい、銀行の仕事は奥が深い。

だから、銀行の仕事を理解してもらう目的で、講座を用意しているわけではない。

アルバイトは何の役にも立たないと、この講義では以前も言った。レストランや居酒屋のアルバイトは、2週間研修をすれば、ホールやカウンターを任される。アルバイトは、「辞めます」と言う人がいたら、その代わりはいくらでもいる。しかし、銀行の仕事は、34年間やっても、半分か、3分の1しか分からない。

職業とはそういうものだ。

僕は清水銀行の豊島、それ以外の何者でもない。だから、職業は大事。だから、就職活動は大事なのだ。


何のためにこの講座があるのか？

就職活動は大事である。

しかし、だからといって、この講座が就職活動のためにあるべきものなのか？

実業界の人間が話す講座が、そんな次元でいいのか？

だから、就職活動のための講座ということでもない。

では、県立大学にとって、この講座を設営する意味は何か？

今、「人・まち・仕事」「地域創生」ということが政府から強く求められている。その中で、衰退していく地方をどう活性化させるか、産官学金が一体となって、その課題に取り組んでいる。

県立大学が、この講座を設けることは、その課題への一つの取り組みになる。

これは、県立大学にとって、大きなアドバンテージだと思う。その文脈からは、清水銀行にとっても、「地域貢献活動」「ＣＳＲ」としてのＰＲ効果がある。講義を聞いた方が、家族や友人、知人に「清水銀行の人から、今日、講義でこんな話を聞いたよ」と言うことで、「清水銀行はこんな銀行なんだ」と理解されることのメリットもある。

しかし、銀行員を集めて、1時間半のミーティングをするということは、その1時間半だけでなく、集まるのに要した時間も考えれば、時間単価で数十万円になる。集まるだけで数十万円かかるということだ。僕は今日これで半日仕事になる。

お配りしている年表、この表を作るのにもパワーがいる。何日もかかる。いいものを作ろうと思うと、何十万円もかかる。それを資料として提供している。

費用対効果、コストパフォーマンスというが、それを考えなければならない。

そのようなこと全てを考え、学生、県立大学、清水銀行、三方良しでメリットが生じるものを計画し、実行しなければならない。

それが実利社会である。

実利社会だから、実利で利益が上がることを目指す。だから、「社会貢献活動」がこの講座の目的というわけでもない。

1時間半話すには、その3倍の準備を費やす。1時間話すには、3倍は練習しなければならない。壇上に立つとは、そういうことだ。

私は人前で話すのには慣れているが、それでも3倍は準備をしてきた。

そんなに準備をしなくてもできちゃう、こなしがきいちゃう、という人がいる。

しかし、世の中、公平にできていて、そういう人の話は上っ面で、何も残らない。面白いこと言っているな、と聞いている時は思うが、後から振り返って、何を言っていたんだろう、になる。

だから準備をしなければならない。

グローバルスタンダードについて話す。

マーケットに連動して、いろいろなことが起きている。

とりわけ、平成8年の金融ビッグバンが、大きな出来事だったと思う。

これは、当時の橋本首相のもと、日本の金融をグローバルスタンダードに改革するために、金融市場を、「フリー」「フェア」「グローバル」にすることがうたわれたものだ。

その前に、バブルの時代があった。

好景気で、「ジャパン・アズ・ナンバーワン」という本がベストセラーになった。

1989年に日経平均株価は38,915円をつけた。

アベノミクスが始まる前の2011年が8,455円、今が17,000円台。こういう価格で、日経平均株価は変動している。

バブルの頃がどんなだったか？

「ちびまるこちゃん」のエンディングテーマは、当時「踊るポンポコリン」（1990年テレビ放送開始）。

それが、日本中のカラオケで歌われた。

国をあげてポンポコリン。

夜中まで飲んで、歩いて、タクシーをつかまえようと思っても、つかまらない。

平成2年、私は本店営業部の融資係をしていたが、清水の地価は私が決めているとさえ思っていた。当時、よく他行の支店長から、ずっと年下の自分に電話があり、「南幹線の草薙のあたり土地は坪いくら？」などと聞かれた。

例えば、「105万円くらい」と答える。

すぐに、不動産屋に電話して「105万円くらいは、するよね」と聞くと、「いける」という答えが返ってくる。

すると、翌日には、実際に105万円で売買が行われる。

値段がつり上がっているわけだ。

その結果、自分の客の担保を105万円で見られるようになる。

すると、担保の余裕ができて、もっとお金を貸すことができる。

それが不動産のバブル。

しかし、そんなこと長続きはしない。

バブルの風船は、最後にははぜてしぼむ。

ロックフェラーのビルなどをソニーやパナソニックがバブルの時の高い値段で買収した。

それがポシャリ、水泡に帰す。

高い値段で買った不動産を、バブルがはじけたことで、アメリカの企業が日本企業買収時の2分の1、3分の1の価格で買い戻す。

そんなことが行われた。


リーマンショックのサブプライムローンと同じようなことが日本にもあった。

住宅ローンを専門に扱っていた住専という会社の破綻が相次ぎ、死者、自殺者がたくさん出た。

都市銀行はかつて13行あったが、今は4つ。

3長銀はなくなった。

これを仕掛けていったのが、大蔵省、金融監督庁、金融庁と名前が変わった監督官庁だった。

日本の市場は閉鎖的であるとの外国の指摘を受け、橋本総理は、「日本は開きます」と宣言。

フリー、フェア、グローバルというスローガンを掲げた。

フリーは自由でいいが、フェアとはなんだったのか？

日本の経済市場はフェアではないといわれたが、外国人が入りにくいからフェアではない、というアンフェアだったのではないか。

それを「だから諸外国流に合わせます」というのがビッグバンではなかったか、と思う。

日本とヨーロッパの平均的な体格の人が格闘技をしたとする。

185センチのヨーロッパ人と170センチの日本人。体重は90キロと60キロ。

これがフェアであろうか？

日本には、チームで戦っていくという文化があった。

それがルールとしてあった。

しかし、1対1で戦うことがフェアだと要求された。

それは、彼らの考えるフェアであって、チームで戦うという日本の文化が本当にアンフェアなのだろうか？

まずは、そういう命題がある。

第二次世界大戦というが、それはヨーロッパのもので、日本にとっては太平洋戦争だと思っている。

ヨーロッパの人に、日本の戦争は関係ない。

フランス人は、日本が戦争していたことすら、知らないのではないか。

日本は、バブルで経済力を伸ばされた後、バブルがつぶれて国力を削がれた。

バブルについて、少しお話しする。

リーマンショックのもととなったサブプライムローンは、まさにバブルだった。

また、バブルが頂点に行くまでに、「これはバブルではなく、アメリカンドリームなんだ」とバブルを煽った人がいた。

ヒスパニック系、プエルトリコとかメキシコの人は貧しい。自分の城を持ちたいと思っても、なかなか持てなかった。

しかし、アメリカの不動産の値段が毎年上がり続けていたから、5年間は元金据え置きで返済しなくていいような住宅ローンを借りて、家を買った。

返せなくなっても、売れば不動産が値上がりしているから、問題はないというわけだ。

だから、銀行員が「この家を買いなさい。お金は貸します」とやった。

所得が低くても借りられるサブプライムローンという住宅ローンがそれだ。

そのようにして、低所得者が家を持った。

移民である彼らが、アメリカで土地を持った。

これが、アメリカンドリームと言われた。

さらには、銀行は、サブプライムローンを集めて、証券化し、債券として売買することで、ふくらませていった。

それが、アメリカの不動産価格の下落により、うまくいかなくなった。

リーマンブラザーズという証券会社が破綻し、信用形成で回っていたものが、とんでしまった。

特にヨーロッパの銀行が影響を受けた。しかし、日本はあまり影響を受けていない。

LIBOR（ロンドン銀行間取引金利）スキャンダルとは、本来公平に決められるべきLIBORが大手の銀行だけで決められていたことが発覚したという事件のことをいう。

LIBORとは、ロンドン市場において、銀行間で取引するときの基準になる金利のことだ。

スチュワードシップコードは、機関投資家のあるべき姿を規定したガイダンス、つまりは基準であり、指針である。

嘘をついてはいけない。

結託して煽っておいて、ドーンと下げるのは駄目ですよ、ということだ。

コーポレートガバナンスは、日本語では企業統治と訳され、企業の経営を管理監督する仕組み。

これは、経営陣にとっては大きな決め事だ。


上場企業ということに、興味を持ってほしい。

東証という言葉を聞いたことがある人？

では、東京証券取引所を知っている人？

聞いたことがある人？

(かなりの人から手が上がる)

当行も、東証1部に上場している。

上場している会社の株は、東京証券取引所で毎日取引されているから、毎日株式の値段が変わる。

上場するには条件がある。

従業員数とか、商いとか。

上場してからもこれを充たさないと落とされる。

「正確な決算と配当力がなければ、上場は認めませんよ」ということになっている。

上場責任というものがあって、正確な決算をすることなど以外にも、コンプライアンスに反した企業は、上場が取り消される。

今までは、一生懸命やった人が役員になった。

しかし、それ以外に社外の取締役を2名作れと言われている。

外部から役員を招聘し、取締役会に出てもらって、意見を言ってもらう。

役員の報酬は業績に連動する体制にしなさい、とも言われている。

それを守らないと、上場企業として成り立たない。

これが世界基準。

外圧だ。

何でか？

日本の株式市場の外国人持ち株比率が高いからだ。外国人によって日本の企業の株価が動いている。

彼らが、日本の株を買ったり、債券を買ったりする。

もっとも大きい影響力がここにある。


皆さんは成人しているから、選挙権がある。

投票に行っただろうか。

投票率は50％。

私自身、何のための選挙だったのか？という思いがある。

自民党が圧勝することは、はじめから分かっていた。

では、日本の政治はうまくいっていると思うか？

社会保険、年金、雇用は、危うい状態に思われる。しかし、では世界はどうか？

アメリカのオバマ大統領は、２期目の2年目。あと2年。

野党側が反対して、議案が通らない。ほとんどがうまくいかなくなっている。

ヨーロッパはどうか。

ドイツ、イギリスはＥＵ離脱が話題になるし、ギリシャはチェ・ゲバラを尊敬するという過激な人が政権をとった。

ヨーロッパも不安定である。

ではアジアはどうか？

中国は成長を続けられるか疑問だし、韓国は危うい。

タイは暴動があった。

「クチュン」とやると、戦争になりかねない。

それが今の世界ではないか。

ロシアが暴れたらどうする？

それに比べると、日本は安定している。

長期国債が０・２％、銀行の定期預金は、０・０いくつという水準。

もっと言えば、３～４年の国債はマイナス金利。

それでも、外国人は買う。

日本においておくと、マイナス金利でも安全だから。

マイナスは保管料と割り切る。

日本に比べ、世界はもっと怖い状況にある。

欧米の外国人は、日本の企業を買収に入るために、欧米流に合わせることを要求しているのではないか、と思う。

平成８年の金融ビッグバンに話を戻す。

フリー、フェア、グローバルのフェアは、何がフェアなのか？

あなた方の価値観がフェアなのか？

ここからは語弊が伴う。

白人コンプレックスが、東洋人にはあると思う。

大河ドラマを見ていないかもしれないが、吉田松陰の妹が主人公だ。

では、吉田松陰は、どんな人だったか？

ちょうど、この間は、日本のために闘わなければならない、そのためには欧米を見なければならない、俺が見なくて誰が見るんだ、とペリーの船に乗ろうとし帰される話だった。

アヘン戦争のようなものを、日本で起こされたら困る。

だから、攘夷しなければならない。

その使命感が彼を動かしていた。

当時のペリーの似顔絵は、鼻が高く、鬼のようなもの。

すべてのアジアは、ヨーロッパに支配されたが、唯一、日本だけが戦いを起こした。

同格になりたい、なれるんだ、と日本人だけが思った。

ここから、個人の考えになる。

尖閣や韓国の問題。

村山談話を踏襲すると安倍首相は言っている。

謝ることはいっぱいある。

しかし、ヨーロッパには、もっと厳しいことをされたアジアの国が、日本に対しては許してくれない。

中国や朝鮮から日本は文化を輸入していた。

もともと中国や朝鮮は日本の先生でもあった。

日本は列強に植民地化されなかった。

同格のことをしようとした。

だからアジアを植民地化した。

しかし、中国、韓国は同胞であり、かつては弟子であった日本にやられたことは許せない。

ヨーロッパ人は、ナチスに対する戦いだった。

彼らは、大東亜共栄圏なんてことには興味はない。

だから原爆も落とされる。

アジアはアジアの商習慣で欧米人に負けない世界を作るべきだ。

アジアで仲良くする、協同作業をするにはエネルギーがいる。

しかし、日本がアジアでリーダーシップを取っていきたい。

日本は人口減で国力が落ちるといわれている。

ＧＤＰは３位。

かつては2位だったが、今では、１位、２位とは大きく水をあけられての３位だ。

日本には資源がない。

そんな日本が世界第2位のＧＤＰだったのは、人的資源によるものだったと思う。

一番大事なのは人だ。


今、日本人の最大の関心事は？という話をする。

イスラム国なのか、錦織の全豪オープンテニスなのか。

私も、錦織は応援したい。

しかし最大の関心事としたら、イスラム国だと思う。

人命の価値は、２４０億円なのか。

２４０億円を出したら、どうなるのか。それをやったら、どうなるのか。

１９８０年のモスクワオリンピック、１９８４年のロサンゼルスオリンピックで、何があったか？　分かる人はいるか？

モスクワオリンピックでは、アメリカ、イギリス、日本などがボイコットし、ロサンゼルスオリンピックでは、ソビエト、東ドイツなどがボイコットした。

ソ連の領空侵犯に対し、アメリカが抗議のボイコットをし、日本もそれに従った。

私は、この時大学4年生。

今の皆さんとほとんど同じ立場だった。

今ではバラエティにも出るマラソンの瀬古選手、柔道の山下選手が、オリンピックに出られなかった。

彼らは泣いた。

「一生を懸けてきたので、オリンピックに出させてください」と言ったがかなわなかった。

ある政治家は、「運動は平和になったらやればいい」と言った。

それがグローバルスタンダード。
22、23歳の頃の私の感性は、皆さんよりも鈍かった。
「ひどいなあ」と思った。

しかし、それがグローバルスタンダードだった。

イスラム国の人質も、今までは他の国の話。

それが初めて我が身になった。

イスラムと全豪オープンテニスでは、イスラムに関心を持つ。

我々は、我々の国を思うべきだ。

日本人は和の文化だ。

「和をもって貴しとなす」という聖徳太子の言葉もあるが、「挑以和」を、去年私のテーマとした。

仲間をどう組んでいくのか。

ここからは個人の意見だが、正義は各人が持つべきだと思う。

モーゼの十戒は、神との契約がある。

宗教によって正義が違えば、分かり合うのは難しい。

それに比べ日本は八百万《やおよろず》の神だ。

グローバルスタンダードは、論理と合理性の追求だ。

ベストセラーの『国家の品格』（新潮新書）で藤原正彦さんは、「論理と合理性の追求だけでは、社会の荒廃を食い止めることは出来ない」と言っている。


「正義は我にあり」

もちろん、正義が暴力であってはならない。

戦国時代、明治維新でも、「大義は我にあり」といわれた。

この中に、歴女もいるかもしれない。

大義がなければ、仲間が集まらない。

「私は私欲のために戦いません」と宣誓しないと、仲間が来ない。

それが日本流。

仲間を組むのに、「私欲」ではなく、「正義」、「大義」が必要。

その価値観を恥じてはならない。


実利社会では、世の中がひっくり返るような事象がある。

１９８５年のプラザ合意は、まさにそうだった。１９８４年に1ドル２５２円だった為替レートが１９８７年には１２２円になっている。

政治の関係では、起こるべくして起こったことである。

でも、そこで利益を上げた人がいることも事実だ。

興味を持ってほしい。

向学心を燃やしてもらいたい。


この講座は、就職活動のためか？

私は、毎年採用の面接をするが、マニュアル通り、みんな同じことを言う。
志望動機を聞くと、みんな「静岡が好きで、静岡の発展に貢献したい」と言う。
はっきり言って、「また同じ話か」と思う。
しかし、それでいいと思っている。
社会人になっても、それを愚直に言い続けることで、ある時花開く。
この地の素晴らしさを、私自身が痛感している。
この地のために生きたい、と心から思う。
なぜならば、いい所だったから。
私は〝右〟ではない。
戦争は駄目。
国を愛することと〝右〟は違う。
グローバルスタンダードは、自分の国を愛すること。
自分の国を愛すのは、万国共通のはずだ。
白鵬はモンゴル人。
しかし、日本になじもうと努力してきた。
そして、誰も真似できない実績を残してきた。

彼の気持ちを理解しないやつはおかしいと思う。

国を愛すことは、決して戦争に行けということではない。

守るべきものは、地域の友人、仲間。

地域愛だ。

地域愛は、家族愛でもある。

お父さん、お母さん、ご兄弟が、そこで健康に生活していることが、大前提として生きている。

それぞれに信条はあるにしても、実利の中で生きている以上、与えられたマーケットの中で負けるわけにはいかない。

その中で、すべての企業が葛藤している。

皆さんは、近い将来、そういう社会に出ていく。


「外から見た会社、内から見た社会」というのは、「この会社いい会社だな」と思う会社が、本当に皆さんにとって良い会社かどうか、分からないということ。

それ以上に、一生かけて仕事をしていく、その会社で一生働くことをイメージすることが大切だと思う。

女性は一生という考えではないのかもしれないが、女性ももっと頑張らないと。期待されているのだから。

「この仕事を通じて、この仲間と仕事をする」、何のために？　誰のために？

それが職業選択。

話は最初に戻る。

この講座は、何のために行うのか？

それは、地域を担う若者を育てるためだ。清水銀行の行員に対するのと同じ、情熱と熱意を、皆さんにも注ぎたい。それが、この講義だ。

この講座の始まる前、去年（２０１４年）の9月に、そのミーティングをした。

昨年度の講座は、ぶれにぶれて迷惑をかけた。

「今年は、ちゃんとしようぜ」ということを言った。

登壇した人たちが、襷《たすき》なり、バトンをつないでくれて、私に回してくれた。

「皆さんに興味を持ってもらいたい。いい青春のこの時期に」

青春、朱夏、白秋、玄冬という人生の四季に照らせば、皆さんは青春。

かけがえのないこの時代に、世の中のこと、経済のことに、興味を持たなくてはもったいない。

この講座で、私たちが伝えたのは、そういうことだったと思う。

今日の話は、学生の皆さんには、理解が難しかったかもしれない。

しかし、グローバルスタンダードの要求を受け、マーケットで戦い、実利社会の中で経済合理性を得ようとしているのが、皆さんの向かっていく社会だということは、覚えておいてほしい。

私は今でも、大学生に戻りたいと思う。

夢に見るくらい。

大学時代、ラテン・アメリカサークルに所属している時、隣の部室は演劇部だった。

あそこに室井滋がいたんだなあ、と思ったりもする。

それは単なる懐古趣味なのかもしれない。

しかし、「あの頃は良かった」「あの頃、あそこに行ったなあ」と思えることは、いいことだと思う。

皆さんにも、いつか「あの頃は良かった」と思えるような人生を送ってもらいたい。

そのためにも、興味を持っていろいろなものに目を通してほしい。

今、この時期に読んでおくべき本、考えておくべきことが必ずある。

この中に、今年、清水銀行に入行してくる人もいる。

一緒に働けることを、楽しみにしている。
お待ちしている。
もう時間いっぱいだ。
こんなに長く話すつもりはなかったが、君たちを前にしてつい熱が入った。
ありがとう。

資料：講義一覧

平成17年度　会計学各論

第1回　ガイダンス
第2回　日経新聞の読み方
第3回　株・債券の仕組み
第4回　静岡県における経済動向
第5回　清水地区の経済動向
第6回　銀行収益の柱（法人）
第7回　銀行収益の柱（個人）
第8回　財務から見るいい企業・悪い企業
第9回　失敗企業から学ぶ企業経営
　　　（ケーススタディ）
第10回　銀行経営をするにあたって（1）
第11回　銀行経営をするにあたって（2）
　　　相談役　伊藤高義
第12回　終了試験

平成18年度　会計学各論

第1回　ガイダンス
第2回　日本経済の動きと経済活動の見方
第3回　静岡県経済と地方銀行の役割
第4回　静岡県の産業
第5回　県内企業の動きと財務活動
第6回　銀行業務のあらまし（融資と国際業務中心）
第7回　中間レポート
第8回　資産運用の必要性と銀行業務の変化
第9回　資産運用の方法（預金・株・債券）
第10回　マネープランの作り方
第11回　新規起業と経営革新
第12回　活躍する社会人（当行在籍卒業生の話・就職の話）
第13回　銀行を経営するにあたって（1）
第14回　銀行を経営するにあたって（2）
　　　相談役　伊藤高義
第15回　終了試験

平成19年度　地域金融論

第1回　ガイダンス
第2回　最近の経済環境と金融機関を取り巻く環境（景気の拡大、上限金利等）
第3回　企業を取り巻く環境変化（コンプライアンスの徹底）
第4回　地方銀行の役割、銀行の三大業務と銀行業務の変化
第5回　銀行員の経済情報収集法（日経新聞の読み方）
第6回　付随業務・証券業務（マーケットの解説と見方）
第7回　中間レポート（銀行業務の理解促進）
第8回　銀行の新しい業務の担当者として（個人預り資産担当）
第9回　貸出業務（決算書の見方・財務分析・いい企業悪い企業の見分け方）
第10回　貸出業務（粉飾決算の見分け方、企業の再生手法）
第11回　資産運用の必要性と個人のマネープラン
第12回　活躍する社会人（当行在籍卒業生の話・就職の話）
第13回　特別講演　専務取締役 豊島勝一郎
第14回　終了試験

平成20年度　地域金融論

第1回　ガイダンス
第2回　銀行について（1）
第3回　銀行について（2）
第4回　静岡県における経済動向
第5回　地域経済環境の変化と銀行の対応（1）
第6回　地域経済環境の変化と銀行の対応（2）
第7回　銀行収益の柱（法人）
第8回　銀行収益の柱（個人）
第9回　決算書の見方（1）：財務分析の基礎

第10回　決算書の見方（2）：財務分析から見るよい企業・悪い企業
第11回　決算書の使い方：失敗企業から学ぶ企業経営
第12回　銀行における人的資源の重要性について（1）
第13回　銀行における人的資源の重要性について（2）
第14回　特別講演　専務取締役　豊島勝一郎
第15回　終了試験

平成21年度　地域金融論

第1回　ガイダンス
第2回　地方銀行の役割、銀行業務
第3回　最近の経済環境について
第4回　資産運用の必要性と個人のマネープラン
第5回　資産運用業務について
第6回　貸出業務（決算書の見方・財務分析）について
第7回　企業再生（事業再生・経営改善）について
第8回　証券業務（マーケットの解説と見方）について
第9回　コンプライアンスについて
第10回　活躍する社会人（当行在籍卒業生の話）
第11回　講義総括
第12回　特別講演　常務取締役　岩岡利彰
第13回　終了試験

平成22年度　地域金融論

第1回　ガイダンス
第2回　地方銀行の役割、銀行業務
第3回　最近の経済環境について
第4回　資産運用の必要性と個人のマネープラン
第5回　資産運用業務について

第6回　貸出業務（決算書の見方・財務分析）について
第7回　企業再生（事業再生・経営改善）について
第8回　証券業務（マーケットの解説と見方）について
第9回　コンプライアンスについて
第10回　清水銀行について
第11回　特別講演　取締役　望月昭宏
第12回　活躍する社会人（当行在籍卒業生の話）
第13回　終了試験

平成23年度　地域金融論

第1回　ガイダンス
第2回　最近の経済環境について
第3回　「金融」と地方銀行の役割
第4回　ライフプランとマネープラン
第5回　資産形成と資産運用
第6回　会計学の実社会での活用①
第7回　会計学の実社会での活用②
第8回　会計学の実社会での活用③
第9回　証券業務（マーケットの解説と見方）について
第10回　コンプライアンスについて
第11回　CSについて
第12回　特別講演　取締役　鳥羽山直樹
第13回　活躍する社会人（当行在籍卒業生の話）
第14回　特別講演・終了試験
副頭取　豊島勝一郎

平成24年度　地域金融論

第1回　ガイダンス
第2回　最近の経済環境について
第3回　金融と地方銀行の役割
第4回　会計学の実社会での活用（1）
第5回　会計学の実社会での活用（2）
第6回　会計学の実社会での活用（3）
第7回　証券業務（マーケットの解説と見方）

について
第8回　ソリューション営業について
第9回　CS・マナーについて
第10回　コンプライアンスについて
第11回　資産形成と資産運用
第12回　特別講演　取締役　野々山茂
第13回　活躍する卒業生
第14回　終了試験

平成25年度　地域金融論

第1回　ガイダンス
第2回　最近の経済環境について
第3回　金融と地方銀行の役割
第4回　会計学の実社会での活用（1）
第5回　証券業務（マーケットの解説と見方）について
第6回　会計学の実社会での活用（2）
第7回　会計学の実社会での活用（3）
第8回　海外進出支援について

第9回　CS・マナーについて
第10回　事務堅確化への取り組み
第11回　コンプライアンスについて
第12回　活躍する卒業生
第13回　資産形成と資産運用
第14回　リスクマネジメントについて
第15回　特別講演　取締役　白川直幸
第16回　終了試験

平成26年度　地域金融論

第1回　ガイダンス
第2回　最近の経済環境について
第3回　金融と地方銀行の役割
第4回　決算書の見方
第5回　地域密着型金融に基づく融資推進
～創業期・成長期～
第6回　地域密着型金融に基づく融資推進
～成熟期・再生期～
第7回　①静岡県中小企業の海外進出と銀行

のサポート②今伸びている静岡県中小企業「成長分野と銀行のサポート」

第8回　新聞の読み方とマーケット解説（株・債券／円高・円安）

第9回　ライフプラン・マネープランの立て方について

第10回　資産形成と資産運用

第11回　ローンについて

第12回　活躍する卒業生

第13回　コンプライアンス
就職活動に役立つCS・マナー

第14回　特別講演
代表取締役頭取　豊島勝一郎

第15回　終了試験

平成27年度　地域金融論

第1回　ガイダンス

第2回　現代の経済環境について

第3回　県大生のための新聞の読み方

第4回　地方創生
～静岡県の潜在力について～

第5回　地方創生～金融と地方銀行の役割～

第6回　決算書の見方

第7回　企業のライフステージと銀行の対応
～創業期・成長期～

第8回　企業のライフステージと銀行の対応
～成熟期・再生期～

第9回　①静岡県中小企業の海外進出と銀行のサポート②今伸びている静岡県中小企業「成長分野」と銀行のサポート

第10回　ライフプラン・マネープランの立て方について

第11回　資産形成と資産運用

第12回　コンプライアンス
就職活動に役立つCS・マナー

第13回　活躍する卒業生

第14回　特別講演　常務取締役　望月文人

第15回　終了試験

平成28年度　地域金融論

第1回　ガイダンス
第2回　最近の経済環境と県内の企業動向
第3回　地方創生と地方銀行の役割
第4回　日本経済新聞の読み方と就活に役立つキーワード解説
第5回　女性活躍推進法の施行と加速する女性の活躍
第6回　企業の通信簿・決算書の見方～会計学が実利社会でどう生かされているか？～
第7回　企業のライフステージと銀行の対応～創業期・成長期・成熟期・再生期～
第8回　①静岡県中小企業の海外進出と銀行のサポート②今伸びている静岡県中小企業「成長分野」と銀行のサポート
第9回　銀行の「渉外活動」紹介
第10回　ライフプラン・マネープランの立て方入門
第11回　銀行の「資産運用相談業務」紹介
第12回　OB・OGによる「社会人の日常」と「就活アドバイス」
第13回　中期経営計画解説
第14回　特別講演　常務取締役　望月文人
第15回　終了試験

平成29年度　地域金融論

第1回　ガイダンス
第2回　地方創生と地方銀行の役割～今、世の中で起こっていること～
第3回　日本経済新聞の読み方と就活に役立つ経済用語解説
第4回　最近の経済環境と静岡県の企業動向について
第5回　決算書の見方～会計学が実利社会でどう生かされているか？～

第6回　企業のライフステージと銀行の対応～創業期・成長期・成熟期・再生期～
第7回　ソリューション・成長分野の紹介と銀行の取り組み「海外展開支援」
第8回　ソリューション・成長分野の紹介と銀行の取り組み「医療・介護」
第9回　銀行の「渉外活動」紹介
第10回　女性活躍推進法の施行と活躍する女性行員紹介
第11回　ライフプラン・マネープランの立て方入門
第12回　銀行の「資産運用相談業務」紹介
第13回　OB・OGによる「社会人の日常」と「就活アドバイス」
第14回　特別講演　常務取締役　野々山茂
第15回　終了試験

平成30年度　地域金融論

第1回　ガイダンス
第2回　就職活動に直結「最近時の景気動向と静岡県経済について」
第3回　銀行の仕事と役割
～一足先にインターンシップ～
第4回　決算書の見方と企業のライフステージ～皆さんの学ぶ会計学が実利社会でどう活かされているか～
第5回　今、世の中で起こっていること（銀行のサポート）「海外展開」「六次産業」
第6回　今、世の中で起こっていること（銀行のサポート）「事業承継・M&A」「医療・介護」
第7回　今、世の中で起こっていること（銀行のサポート）「観光業による地方創生」
第8回　今、世の中で起こっていること（銀行のサポート）「人生100年時代のライフステージとマネープラン」

第9回　銀行の営業「渉外行員・ロールプレイング」
第10回　銀行の営業「マネーアドバイザー・ロールプレイング」
第11回　今、世の中で起こっていること「働き方改革」「女性活躍（ダイバーシティ）」「女性ロールモデル紹介」
第12回　経済教室「リーマンショック」～100年に1度の世界同時不況はなぜ起こったのか～
取締役　薮崎文敏
第13回　県大の先輩が語る「就活と社会」
第14回　役員講話「社会が求める学生像」
常務取締役　野々山茂
第15回　終了試験

2019年度　地域金融論

第1回　ガイダンス
第2回　金融業界（地方銀行）入門
第3回　世の中の変化と最近時、清水銀行の取り組み
第4回　最近時の景気動向と静岡県経済について
第5回　企業のライフステージと決算書の見方
第6回　今、世の中で起こっていることと銀行のサポート業務「海外進出」
第7回　今、世の中で起こっていることと銀行のサポート業務「事業承継・M&A」
第8回　今、世の中で起こっていることと銀行のサポート業務「医療・介護」
第9回　銀行の仕事とやりがい「窓口・マネーアドバイザー」
第10回　銀行の仕事とやりがい「渉外」
第11回　先輩が語る「仕事のやりがいとアドバイス」
第12回　経済教室「リーマンショック」
常務取締役　薮崎文敏

第13回　就職活動応援講座
第14回　経営層講座
　　　　専務取締役　望月文人
第15回　終了試験

人〈財〉こそが、地域の礎

地銀と公立大 連携講座成功の軌跡

2020年10月1日　初版発行

編　者…………清水銀行
静岡県立大学
発行者…………大石　剛
発行所…………静岡新聞社
〒422－8033 静岡県静岡市葵区登呂3-1-1
電話　054-284-1666
印刷所…………三松堂

ISBN978-4-7838-2341-4